生活·讀書·新知 三联书店

王鼎钧作品系列

王鼎钧

作文十九问

[增订版]

Simplified Chinese Copyright © 2019 by SDX Joint Publishing Company.
All Rights Reserved.
本作品中文简体版权由生活·读书·新知三联书店所有。
未经许可，不得翻印。禁止重制、转载、摘录、改写等侵权行为。

图书在版编目（CIP）数据

作文十九问／王鼎钧著．—增订版．—北京：生活·读书·新知三联书店，2019.10　（2024.4 重印）
（王鼎钧作品系列）
ISBN 978-7-108-06551-3

Ⅰ．①作…　Ⅱ．①王…　Ⅲ．①汉语－写作
Ⅳ．① H15

中国版本图书馆 CIP 数据核字（2019）第 057736 号

责任编辑	饶淑荣
装帧设计	张　红　康　健
责任校对	张　睿
责任印制	董　欢

出版发行　**生活·讀書·新知** 三联书店
　　　　　（北京市东城区美术馆东街 22 号 100010）
网　　址　www.sdxjpc.com
经　　销　新华书店
印　　刷　北京隆昌伟业印刷有限公司
版　　次　2014 年 7 月北京第 1 版
　　　　　2019 年 10 月北京第 2 版
　　　　　2024 年 4 月北京第 17 次印刷
开　　本　787 毫米 × 1092 毫米　1/32　印张 7
字　　数　105 千字
印　　数　129,001－139,000 册
定　　价　30.00 元
（印装查询：01064002715；邮购查询：01084010542）

目录

新版自序

第一 / 001
林花着雨胭脂湿 密叶遮天 月亮化妆 斜晖 晚餐 大屯山 湖 竹子 落花

第二 / 012
样子 下课十分钟 数学解题 目标 努力经过 中途干扰 结果 球赛暂停 夜来风雨声 儿子的成绩

第三 / 021
鸟飞 热带鱼 思前想后 左顾右盼 说长道短 坐出租车 买表 向心力和离心力

第四 / 031
　　勤能补拙　审案　推动摇篮的手　考试与文体　灯塔与烛火　从挫折中培养勇气

第五 / 042
　　论孟尝君　美女杨霞　春游芳草地　《核舟记》　昨夜梦魂中　听雨　作战的条件　我的学校生活

第六 / 055
　　望子成龙　柔情似水　创造比喻　莎士比亚　太大和太小　虱子　秒针　乍愿君如天上月

第七 / 066
　　慈母手中线　校园大甩卖　立意　翻案文章　李老师的婚礼　迷你裙

第八 / 078
　　有我　澄清湖　无我　我家的狗　游泳的人数　媳妇的镜子　最好的酒　鼠肉　托物　第一人称

第九 / 088
　　吵架　下定义　三百千千　人之初　抽象　技巧与主题孰为重要　勇敢　三段式　军事训练　子之矛、子之盾

第十 / ··· 098
　　毛笔字　单线推论　独眼　秦汉唐宋　万三　自由、由自
　　《讳辩》　独善、兼善

第十一 / ··· 109
　　苛政　放大　桃花源的放大　简洁　简略　夸父逐日　高潮
　　回荡

第十二 / ··· 123
　　剑外忽传收蓟北　刺激　思考　决定　贺失火　有钱难买回
　　头看　一本书的启示　岳飞　耶稣

第十三 / ··· 134
　　死守规则运动　仆人　合同　赞成　反对　调和　读书的甘
　　苦　岳阳楼　最苦与最乐

第十四 / ··· 145
　　读诗　文心　诗心　诗选　诗句　青山一发　衣上生风　嗅觉
　　触觉

第十五 / ··· 155
　　火柴燃烧　棋局　模仿　两棵枣树　土纽扣　蛇衔其尾　海
　　滨远足　因果

第十六 / 165
　　问题的问题　意念　符号　识字　用字　白话　文言　文学
　　性格　组合

第十七 / 176
　　韵脚　我等待春天　诗法　诗的语言　秋，裸体　登岭摘星
　　名高好题诗　落花

第十八 / 186
　　酬世　传世　三种作家　考运　作文与总分　失表记　推翻
　　比喻　王道　霸道

第十九 / 195
　　娱乐　无害与有益　戳气球　文化遗产　人情　人心　父母
　　心　还君明珠　记者与公主　作家

新版自序

那些年，我常常怀念我的中学生活，一心想为正在读中学的年轻人写点什么，我写的时候觉得与他们同在。我陆续写了五本书跟他们讨论作文，也涉及如何超越作文进入文学写作，这五本书在出版家眼中成为一个系列。现在，我重新检视这一套书，该修正的地方修正了，该补充的地方加以补充，推出崭新的版本，为新版本写一篇新序。

《作文七巧》

先从《作文七巧》说起。我当初写这本书有个缘起，有人对我说，他本来对文学有兴趣，学校里面的作文课把这个兴趣磨损了、毁坏了！我听了大吃一惊。

想当初台北有个中国语文学会，创会的诸位先进有个理念，认为文学写作和文学欣赏的能力要从小学、中学时代的作文开始培养，作文好比是正餐前的开胃菜，升学前的先修班。我是这个学会创会的会员，追随诸贤之后，为这个理念做过许多事情。早期的作文和后来的文学该有灵犀相通，怎么会大大不然？

我想，作文这堂课固然可以培养文学兴趣，它还有一个重要的任务，帮助学生通过考试，顺利升学，这两个目标并不一致，当年考试领导教学，在课堂上，老师可能太注重升学的需要，把学生的文学兴趣牺牲了。

那时候，沧海桑田，我已经距离中国语文学会非常遥远，不过旧愿仍在。我想，作文课的两个目标固然是同中有异，但是也异中有同，文学兴趣是什么？它是中国的文字可爱，中国的语言可爱，用中国语文表现思想感情，它的成品也很可爱，这种可爱的能力可以使作文写得更好，更好的作文能增加考场的胜算。

于是我花了三个月的时间写成这本《作文七巧》。记录、描绘、判断，是语文的三大功能，这三大功能用于作文，就是直叙、倒叙、抒情、描写、归纳、演绎，各项基本功夫。我从文学的高度演示七巧，又把实用的效果归于作文考试，谋求相应相求，相辅相成。我少谈理论，多谈故事，也是为了保持趣味，也为了容易记住。

有人劝我像编教材一样写《七巧》，但我宁愿像写散文一样写《七巧》，希望这本讨论如何作文的书，本身就是作文的模板。新版的《作文七巧》有二十五处修正，十九处补充，还增加了三章附录。

《作文十九问》

《七巧》谈的是最基本的作文方法，也希望学习的人层楼更上，对什么地方可以提高，什么地方可以扩大，作了暗示和埋伏。出版以后，几位教书的朋友为我搜集了许多问题，希望我答复，我一看，太高兴了，有些问题正是要发掘我的埋伏。我立刻伏案疾书，夜以继日，写出《作文十九问》，作为《作文七巧》的补述。

我追求文体的变化，这本书我采用了问答体。我在广播电台工作二十年，写"对话稿"有丰富的经验，若论行云流水，自然延伸，或者切磋琢磨，教学相长，或曲折婉转，别开生面，都适合使用这种体裁。问答之间，抑扬顿挫，可以欣赏口才，观摩措辞。当年同学们受教材习题拘束，很喜欢这种信马由缰的方式，出版以后，销路比《七巧》还好。如果《七巧》可以帮助学习者走出一步，《十九问》可以帮他向前再走一步。当然，他还需要再向前走，我在《十九问》中也存一些埋伏，留给下一本《文学种子》发挥。

为什么是十九问呢？因为写到十九，手边的、心中的问题都答复了，篇幅也可以告一段落。那时还偶然想到，古诗有十九首，"十九"这个数字跟文学的缘分很深。有人说，你这十九问，每一问都可以再衍生十九问。我对他一揖到地，对他说：够了，咱们最要紧的是劝人家独自坐下来写写写，从人生取材，纳入文学的形式，表现自己的思想情感。求其次，希望咱们的读者对文学觉得亲切，看得见门径，成为高水平的欣赏者。学游泳总得下水，游泳指南，适可而止吧。

《文学种子》

这一本，我正式标出"文学"二字，进"写作"的天地。那时候，写作和作文是两个观念，我尝试把作文的观念注入文学写作的观念，前者为初试啼声，后者为水到渠成。在《文学种子》里面，我正式使用文学术语，提出意象、体裁、题材、人生等项目，以通俗语言展示它的内涵。我重新阐释当年学来的写作六要：观察、想象、体验、选择、组合、表现，指出这是一切作家都要修习的基本功夫，我对这一部分极有信心。必须附注，这本书只是撒下种子，每一个项目都还要继续生长茎叶，开花结果。

那时候，文艺界犹在争辩文学创作可教不可教、能学不能学。

我说"创作"是无中生有，没有范文样本，创作者独辟蹊径，"写作"是有中生有，以范文样本为教材，可以教也可以学。当然，学习者也不能止于范文样本，他往往通过学习到达创作，教育的结果往往超出施教者的预期，这就是教育的奥秘。

我强调写作是拳不离手，曲不离口。写作是师父领进门，修行在个人。夸夸其谈误写作，知而不行误写作，食而不化也误写作。一个学习者，如果他对《作文七巧》和《作文十九问》里的那些建议，像学提琴那样照着琴谱反复拉过，像学画那样照着静物一再画过，应该可以顺利进入《文学种子》所设的轨道，至于能走多远，能登多高，那要看天分、环境、机遇，主要的还是要看他的心志。

本来《作文七巧》《作文十九问》《文学种子》这三本书是一个小系列，当时的说法是"由教室到文坛"。但是后来出现一个议题，即现代和古典如何贯通，于是这个小系列又有延伸。

《〈古文观止〉化读》

那些小弟弟小妹妹，先读小学，后读中学，小学的课本叫"国语"，全是白话，中学的课本叫国文，出现文言。他们从"桃花谢了，还有再开的时候"，突然碰上"学而时习之，不亦说乎"！

这条沟太宽，他们一步跨不过去，只有把文言当作另一种语言来学。白话文是白话文，文言文是文言文，双轨教学，殊途不能同归。

当然，由中学到大学，也有一些人打通了任督二脉，但是从未读到他们的秘籍，好吧，那就由我来探索一番吧。恰巧有个读书会要我讲《古文观止》，我当然要对他们讲时代背景、作者生平，讲生字、僻词、典故、成语，以及文言经典的特殊句法，我也当众朗读先驱者把整篇古文译成的白话。大家读了白话的《赤壁赋》《兰亭序》，当场有人反映：这些文章号称中国文学的精金美玉，怎会这样索然无味？它对我们的白话文学有何帮助？是了，是了，于是我推出进一步的读法。

我们读文言文，目的不止一个，现在谈的是写作，我们对《古文观止》的要求自有重点。现在我们读《赤壁赋》，不从东坡先生已经写成的《赤壁赋》进入，要从东坡先生未写《赤壁赋》的时候参与：他游江，我们也游江；他作文，我们也作文；他用文言，我们用白话。文言有单音词、复音词，看他在一句之中相间使用，我们白话也有单音词、复音词啊！文言有长句，有短句，看他在一段之中交替互换，我们白话也有长句有短句啊！看他文章开头单刀直入，切入正题；看他结尾急转直下，戛然而止；中间一大片腹地供他加入明月，加入音乐，加入忧郁，加入通达，奔腾驰骤,淋漓尽致。这也正是我们白话文学常有的布局啊!他是在写文言文吗,我几乎以为他写的是白话呢!我写的是白话文吗,我几乎以为是文言呢!

我说,这叫"化读",大而化之,食而化之,化而合之,合而得之。出版后,得到一句肯定:古典文学和现代散文之间的桥梁。

《讲理》

这本书完全是另外一个故事。只因为那时候升学考试爱出论说题,那些小弟弟小妹妹急急忙忙寻找论说文的作法,全家跟着患得患失。那些补习班推出考前猜题,预先拟定三个五个题目,写成文章,要你背诵默写,踏进考场以后碰运气,有人还真的猜中了,考试也高中了。每年暑期,那些考试委员和补习班展开猜题游戏,花边新闻不少。

为什么同学们见了论说题作不出文章来呢?也许因为家庭和学校都不喜欢孩子们提出意见,只鼓励他们接受大人的意见,也许论断的能力要随着年龄增长,而他们还小。我站出来告诉那些小弟弟小妹妹,你们的生活中有感动,所以可以写抒情文;你们的生活中有经历,所以可以写记叙文;你们的生活中也产生意见，一定可以写论说文。

为此我写了《讲理》，为了写这本书，我去做了一年中学教员，专教国文。教人写作一向主张自然流露，有些故事说作家是在半自动状态下手不停挥，我想那是指感性的文章。至于理性的文章，如论说文，并没有那样神秘：它像盖房子一样，可以事先设计；它像数学一样，可以步步推演。你可以先有一个核，让它变成水果。

这本书完全为了应付考试，出版后风行多年，直到升学考试的作文题不再独尊论说。倒也没有人因此轻看了这本书，因为我在书中埋伏了一个主题，希望培养社会的理性。现在重新排版，我又把很多章节改写了，把一些范文更换了，使它的内容更靠近生活，除了进入考场，也能进入茶余饭后。它仍然有自己的生命，因此和《七巧》《十九问》等书并列。

这本书的体例，模仿叶绍钧和夏丏尊两位先生合著的《文心》，在我的幼年，他们深深影响了我，许多年后我以此书回报。感谢他们！也感谢一切教育过我的先进。

第一

○*爸爸有个朋友，是一位作家，上一期《印度洋半月刊》上有一篇小说，就是他写的，您看过那篇小说没有？

□我没有仔细看，《印度洋半月刊》每期只登一篇小说，我记得他们上期选用的小说比较长，只登出来上半篇，注明下期续完，可是这一期不知怎么，下半篇没见登出来。

○我爸爸在批评那位作家呢，他说反正是白话文嘛，人家改几个字有什么关系？人家改了你的文章，你就不肯再让人家登下去了，哪来那么大的脾气？

□原来是这个样子的啊，这位作家倒是对自己的作品很认真、很执着，他这半篇小说我倒要仔细看看。

---

* "○"代表"问"，"□"代表"答"。

○你赞成不赞成编辑改他的文章?

□这个问题很难回答,老实说,修改人家的文章是一件吃力不讨好的事情。在作家笔下,文字是敏感的,常常牵一发而动全身。杜甫有一句诗:林花着雨胭脂█,最后一个字被虫子吃掉了,不知道究竟是个什么字,有人猜是林花着雨胭脂"点",有人猜是林花着雨胭脂"染",有人猜是林花着雨胭脂"落",后来有人找到更早的版本,发现杜甫原来写的是林花着雨胭脂"湿"。

○"胭脂湿"好在什么地方?

□"胭脂湿"不一定比"胭脂落"好,但是,胭脂落,花瓣落到地上来了,胭脂湿,花并没有落,这是两种不同的意象。

○"胭脂点"和"胭脂染"呢?

□这恐怕是两种不同的花,花瓣的大小不同,颜色的深浅也不同,当然,都是红花。还有一个可能,"胭脂点"是诗人近距离看花,树上的花一朵一朵是分开的,好像用画笔点出来的一样,"胭脂染"是诗人远距离看花,一树红花或是满林红花像一片水彩。

○一个字有这么大的关系!

□所以古人有所谓一字师。

○文言文十分精练，才有这么大的讲究，白话文难道也"悬之国门不能易一字"吗？

□白话文比较平易一些，也可能比较松散一些，"一字师"的故事比较少，不过白话文学也讲究推敲，有时候也得炼字。《作文七巧》后面有十组习题，第二组题目跟炼字有点关系，不知道你做过没有？

○倒是没有认真。

□现在我们不妨认真练习一下。第一道题目：树林里的小径密叶■天，像一条隧道。候选的字有四个，密叶遮天呢，密叶盖天呢，密叶连天呢，还是密叶满天？

○好像都可以嘛。

□马马虎虎一看，都可以，如果"敏感"一些，就有取舍。树林里的小径像一条隧道，为什么像隧道呢？因为头顶上有树枝树叶，两侧有树干，"树叶连天"显然是不对的，你得站在林外才有"连天"的感觉，诗人赵嘏上一句"独上江楼思渺然"，下一句才是"月光如水水如天"，如果坐在潜水艇里，还能"连天"吗？

○那么"密叶满天"也不行。（□为什么不行？）我说不出原因来。

□因为你在森林小径上没有宽阔的视野,你可以说繁星满天、密云满天,你看星看云的时候附近没有东西挡住你的视线。

○我知道了,答案一定是密叶遮天,不是密叶盖天。遮天是挡在人和天的中间,要说是盖天,岂不是把天盖到底下来了?

□再看第二题:月亮躲在云里做什么?睡觉?化妆?偷看?打坐?

○我想不会是"月亮躲在云里睡觉",因为下文是"迟迟不肯出来",倘若睡觉,就不是肯不肯出来,而是能不能出来。

□对!窍门儿就在这里,依你看,会不会是"打坐"呢?(○我还不能马上决定。)我提醒一下,睡觉、化妆、打坐、偷看,都是比喻,你现在是替月亮选一个比喻。

○我选"化妆",我看见月亮就联想到人的脸,不会联想到人的身体。

□我赞成你选"化妆",每逢云开月现的时候,我们会觉得月亮特别皎洁,就像是在云里面刚刚洗过脸搽过粉一样。我再提醒一句,如果云层很稀薄呢?如果是"月笼纱"呢?你也可以选"偷看",我们隐约可以看见月亮,月亮也就好像闪闪躲躲地看我们。

○第三题最容易,夕阳的斜晖"洒"在草坪上,不会错,很多作家都是这么写的。

□他们为什么喜欢用"洒"?(○不知道。)什么是洒?(○洒水。)洒是抛出去,散开了,星星点点落在地上。夕阳的光线是斜着射过来的,所以叫"斜晖",斜晖射在草地上,比较高的草上有阳光,比较低的草上没有,一眼望去,阳光星星点点分布在草上,这个"洒"字不是随便用的。

○其余三个候选的字,照、射、扫,还有用处没有?

□有时候,斜晖被高楼挡住了,被树林挡住了,只有窄窄长长的一"带"、一"抹",像是用一把大扫帚刷上去的一样,那当然可以用"扫"。

○"射"字好像太平常。

□"照"字也是,除非说"返照"。

○第四题,热气腾腾的晚餐端上来,是一家人最饥饿的时候呢,是一家人最高兴的时候呢,是一家人最温暖的时候呢,还是最安静的时候?对于这个题目,我的同学们讨论过,好像四个答案都可以入选。

□如果大家忙了一天,早饭午饭都没吃好,现在,丰盛的晚餐端出来了——

○那是大家最饥饿的时候。

□如果全家人都爱吃妈妈做的清炖牛肉,妈妈每星期做一次,多半是在星期天全家团聚的时候,星期天,哥哥姐姐回家来了,清炖牛肉也做好了,那就是——

○全家人最高兴的时候。

□题目没有前文,没有背景介绍,好像选哪个答案都可以,不过题目是说热气腾腾的晚餐端上来。有了"热气腾腾"四个字,我们就可以顺理成章,说这是一家人最温暖的时候。"温暖"有双关的意义,热饭热菜使人觉得温暖,亲情也使人觉得温暖。

○所以说是"最"温暖。

□敏感的读者,可以从"热气腾腾"得到暗示,知道应该选"温暖"。下一个题目里头也有暗示,你找找看。

○第五题:为了准备联考,整天躲在房里读西洋史地,偶然到阳台上收衣服,抬眼望见大屯山,竟是十分矮小?十分陌生?十分遥远?十分美丽?

□你看哪个词合适？

○我再念一遍题目：为了准备联考，整天躲在房里读西洋史地，偶然到阳台上收衣服，抬眼望见大屯山。这里有联考、西洋史地、阳台、收衣服，哪一句能对大屯山产生暗示呢？我看只有西洋史地。

□不错。你选哪一个答案呢？

○我选"美丽"。（□为什么？）大屯山是我们自己的河山，西洋史地讲来讲去都是人家的名山大川，虽说瑞士山水甲天下，河山还是自己的好。

□你这个答案很爱国，不能说你不对，不过大屯山是一座很平淡的小山，你得有很长的前文，才能够说服读者，感染读者，使读者觉得它比阿尔卑斯山还好，现在并没有前文。在这个题目里面，"西洋史地"是个关键，倒教你一下子找着了。我提醒一下，读唐诗读得入了迷，会觉得咸阳长安都是熟地方，读希腊神话入了迷，会觉得雅典是个熟地方。

○读西洋史地入了迷，会觉得阿尔卑斯山是个熟地方，反过来，大屯山反而陌生了？这妥当吗？

□我们最熟悉的当然还是自己的家山，说大屯山陌生,只是那片刻的感觉,为了形容联考的压力,你可以选"陌生"。

○我就选"陌生"吧,说真的,联考考得我昏天黑地,我几乎连爸爸妈妈都不认得了。

□形容联考的压力,你可以写大屯山"陌生";抒发爱国怀乡的情怀,你可以写大屯山"美丽";如果你躲在房里读的不是西洋史地,是探险家攀登喜马拉雅山最高峰的报道,你当然可以觉得大屯山"矮小"。文章写的是眼前景加上心中情,心情不同,物景跟着起了变化。个中消息,请你参看第三组习题。

○第三组习题是十个比喻,被喻之物都是湖,十个比喻却不相同。湖是地上的一块天,湖是晚霞的镜子,湖是一个险恶的陷阱,湖是一张水彩画,湖是一只焦急的眼,湖是大地的疮疤,湖是星星的摄影机,湖是山的一杯饮料,湖是青蛙的海,湖是风的运动场。

□你来看,人在什么心情之下会觉得湖中就是天上呢?

○当然是晴天游湖,美景良辰喽。

□什么样的心情才觉得湖是晚霞的镜子呢?

○心平气和，能领略自然美的时候。

□湖怎么又变成陷阱了呢？

○大概这个人被坏人陷害，刚刚吃过大亏。

□湖怎么又变成大地的疮疤了呢？

○书里头说了：心情坏透了的时候，看什么都不顺眼，有时候简直以为云是天上的垃圾。下面正好接上：湖是大地的疮疤。

□湖是一张水彩画。

○那是因为我想画画儿。

□湖是星星的摄影机。

○那是因为我喜欢照相。

□湖是山的一杯饮料。

○那是因为我想喝汽水。

□如果你写游记，写你高高兴兴地在日月潭划船，写你心满意足地登上了光华岛，你忽然来一句：这个小岛是潭心的一个疮疤，合适吗？

○绝对不合适。

□倒也不敢说是"绝对"，我觉得不合适，你也觉得不合适，但是可能有人喜欢这么写，而且他可能是个有名的作家。

○这就怪了。这样写能成为名家？

□并不是这样写写就成了名家，而是成了名家的人可能这样写，名家要创新，要突破，反对固定反应。

○反对固定反应？什么意思？

□比方说，中国文人多半拿竹比君子，中国人一看见竹子就想起君子来，这叫固定反应。有个诗人偏要跟这个"固定反应"作对，他偏偏说竹代表小人，你看竹子，独自一个没法子顶天立地站起来，总要狐群狗党挤在一起，稍稍受到一点压力就低头弯腰，不是小人吗？

○低头弯腰的植物很多，何必跟竹子过不去呢？

□这就是所谓创新、突破啊。

○我也可以这样做吗？

□我劝你等一等，以后再说。你现在不是读中学吗？中学的作文课应该是比较保守的。在你的作文簿里面，看见了落花仍然应该很惋惜，很惆怅，只要不像林黛玉那样哭泣就好。如果你写的是，花谢了，你很舒服，很轻松，老师会怎样反应？

○难道真有人见了落花心里很舒服吗？

□有位名家这样写过,他说花谢了,花季结束了,花走完了它的旅程,我也可以放心了。

○这是怎么一回事,我不懂。

□谈作文谈到你不懂,就不能再谈了,告一段落吧。

第二

○爸爸看了我的作文簿，表示很不满意，他说文章有文章的样子，我的作文简直不成样子。文章也有样子吗？

□关于这个问题，大家的意见很不一致。我们批评一篇写得不好的文章，可能说它"不成其为文章"，说这句话的人，大概是认为文章有样子的吧？我们听一个人说话，听来听去，我们可能对他说：你别在那儿做文章啦！我们说这句话的时候，也许是认为文章有样子的吧？

○我对文章的样子很有兴趣，如果作文有样子，作文不就容易得多了吗？到底有没有样子？你能不能替我们设计一下？

□我可以介绍几个样子，但是，它并不见得容易。你们最近一次作文，老师出了个什么样的题目？

○老师要我们写"下课十分钟"，也就是写两节课当中那十分钟休息的时间。

□你是怎么写的呢？

○我说我有一道数学题做不出来，下课以后还一直想那道题目，十分钟不知怎么就过去了。

□这应该是一篇好文章啊。

○哪儿来的好文章？这十分钟有什么好写的？

□好吧，那就咱们一块儿想办法。下课十分钟，你一直在想一道数学题，始终没有想出解题的办法来。你的意思仿佛是，如果题目能解开，你这十分钟就充实了，文章就有内容了，现在题目始终解不开，事后回想起来很空虚，文章也就没有什么可写的了。

○对呀。

□我看并不完全对。你花了十分钟时间没能把一道题目解开，在数学的课堂上，你这十分钟没有成绩，在作文课堂上呢，情形也许就不一样。这十分钟你有一个目标，你努力过，你没有到达，这个过程也是生活经验，也是文章材料。

○难道我可以把解题的过程都写出来吗，那不是太枯燥了吗?

□啊,你不能那样做。你要做的是,我问你,你思索习题的时候,是不是心里只有数学,是不是什么也看不见了、什么也听不见了呢?(○不是。)你看见了什么、听见了什么呢?

○我看见操场里有很多同学正在玩球,我也看见教室里只有五六个同学做功课,别人全跑出去了。

□你想不想跑出去玩球呢?

○我本来是最喜欢篮球的呀。

□倘若你去玩球,你就得放下数学。好,刚才我说,你有目标,你在努力以赴,现在中途出现了干扰。天下有许多好文章是这三个环节构成的:目标在望,全力以赴,出现干扰。想想看,你坐在教室里,望着教室外面,外面的景象怎样干扰你?

○外面的阳光很明亮。

□好!还有呢,有没有什么声音干扰你?

○篮球在操场里扑通扑通地响,那声音很,很……(□想办法形容一下!)很动人,(□好,具体一点!)很雄壮,(□好,再具体一点!)就像战鼓在催我上阵。

□能发现阳光很明亮的人,应该会作文,能听出来球声像战鼓的人,应该会作文,要想写出一个样子来,你得会布局,我所说的目标在望,全力以赴,出现干扰,就是一种布置。你现在这十二个字都有了,可是布局还没有完成,你到底跑出去打球了没有?也就是说,面对干扰,产生了什么样的结果?

○我没有去玩球,数学要紧,再说电钟马上就要催外面的人回来上课了。

□结局是你越过了干扰。当然,你也可以跑到阳光底下先打球打个痛快再说。这样写起来,应该有个模样了。

○让我想一想。目标在望,努力以赴,出现干扰,产生结果,我以前可没有这样想过,以后作文,我是不是可以这样写呢?

□有些题目可以这样写。有人讲过一个故事,跟作文有关系,说是在作文课堂上老师要大家写看球,有个同学只写了六个字:球赛因雨暂停。球赛没有举行,看球的人看什么呢?没有球可看,写看球又写什么呢?这一篇作文只能写六个字,好像理由十分充足。其实作文并不是这么简单,在作文课堂上,"因雨暂停"只能算是一个干扰,一个挫折。想想看，如果这篇文章由你来写呢？

○我可以写我很喜欢看球赛，我老早就想看某某球队跟某某球队的比赛，这一场比赛我非看不可。

□这是目标在望。然后呢？

○然后我全力以赴，我天天巴望比赛的那一天来到，我事先把功课都做好了。球赛卖票不卖票呢？如果是卖票，我得先从零用钱里头把票价节省出来。

□然后呢？

○然后是天下了雨。

□还不能这么快就下雨。不要忘了看球是你的重要目标，你在为它全力以赴，那么你老早就对天气担心，你很注意气象预报。

○气象预报说下雨。

□别忙，气象预报说不下雨，结果到时候变了卦。

○结果一场倾盆大雨下来，大家淋成了落汤鸡。

□你还是太快了。赛球的那天，空中浓云密布，风很凉，我们明知道天不作美，还是到球场去观望了一阵，心里想，说不定空中忽然出了太阳，裁判带着球员进了场呢。你这样想，别人也这样想，球场内外竟然来了许多观众，有人还带着小孩子呢!

○到什么时候才可以下雨?

□现在可以下雨了。

○下大雨还是下小雨?

□让它越下越大吧。

○雨下大了,观众才走开。

□他们确实知道今天不会赛球了。

○难怪我的文章写不长,我总是下雨下得太快了。

□这也不能一概而论,有时候你得赶快下雨,你看孟浩然"春眠不觉晓,处处闻啼鸟,夜来风雨声"——这个雨下得多快!

○夜来风雨声,算不算是干扰呢?

□如果他本来想今天早晨出门赏花,这一夜风雨就是干扰,花落知多少,他可能不去了。不过这是一首诗,诗人并没有说他要努力达成什么目标。另外有一个诗人,他在重阳节快到的时候诗兴大发,就提起笔来写了一句"满城风雨近重阳",不巧这时候有人敲门,他放下笔去开门,门外来了个催他缴税的,他应付了一阵,催税的人走了,他的诗兴也没有了,想把这首诗作完,却是再也写不出第二句来了。在这个故事里,敲门催税就是我们所说的干扰。

○这么说,干扰一定要先有个全力以赴的目标。

□照你写的"下课十分钟"来看,应该是这样,不过也不能看死了。单就这首诗而论,"春眠不觉晓,处处闻啼鸟",诗人的心情本来是很明朗很愉快的,可是一想到"夜来风雨声,花落知多少",心情不免黯淡下来,这首诗所写的,是这种情绪上的挫折,你说这是干扰,当然也可以。

○怎么,可以既这样解释又那样解释吗?

□有时候可以。

○树立目标,全力以赴,写起来太麻烦了,作文课堂上恐怕写不完,我以后省事一点,只写情绪上的干扰行不行?

□当然可以!倒不是为了省事,是因为你的材料适合这样写。文章要写成什么样子,先看那材料应该排成什么样子。

○你刚才不是说过吗,"春眠不觉晓"那首诗,如果我们加上一段,说是诗人本想早晨起来出门赏花,就可以归入"树立目标,全力以赴,出现干扰"的样式了。那么,写文章明明是可以先决定样式再找材料的呀。

□好吧,我们趁机会说清楚,你可以拿着材料找样式,也可以拿着样式安排材料，不过，最好你是以材料为主，你为了你有可写的材料而写，不是为了完成一个样式而写。

○唉，作文以交卷为第一，什么最好不最好，我不在乎。

□也罢，我们回过头来谈"样子"。我们姑且把"春眠不觉晓，处处闻啼鸟。夜来风雨声，花落知多少"当作一个样子，这个样式是"情绪→干扰→情绪改变"。我们拿着这个样式，看看怎样把你的"下课十分钟"装进去。在这篇文章里，你以描述自己的心情为主，你把你的心情分成两部分，前后心情不同，中间放上干扰。你说，刚下课的时候，你的心情怎样？

○我很高兴，我想跟别的同学一块儿跑出去，我要无忧无虑，我要自由自在。

□可是忽然——忽然怎么样？

○忽然我看见我面前桌子上摊开的数学习题。

□重担马上压下来了。

○乌云马上盖下来了。

□你低下头去努力演算你的习题。

○虽然仅仅十分钟，我也不能放松一下。

□你由一只飞鸟马上变成一条蚯蚓了。

○对,它的题目,就叫"飞鸟变蚯蚓"好了。

□你对这番布置完全了解了吧!

○完全了解。

□我来考你一下。假定这里有一个人,他已经做了父亲,他的儿子在中学里念书。这天早晨,儿子上学去了,他踱进儿子的房间,一眼望见墙上挂着儿子新近放大的照片,这是一个多么俊秀的大孩子啊,满脸洋溢着青春的光辉,比起电视屏幕上任何一个少年明星毫不逊色。他想:这是我的儿子啊。

○我知道了,这就是"春眠不觉晓,处处闻啼鸟"。

□他动手替儿子整理书桌,一下子看见了上个月月考的成绩单,红墨斑斑,英文、数学、国文全不及格。

○夜来风雨声!

□这个孩子什么都好,就是不肯用功,白白长得那么聪明,那么漂亮!去年成绩太差,没能升级,今年第一次月考居然都是红字!这怎么得了,简直要我的老命,也要他妈妈的老命啊!

○花落知多少!

□很好,你及格了。

第三

○老师常常对我说,你的作文写得太短了,下次要多写一点儿。我也很想照着他的话去做,可是无论如何做不到,这怎么办?

□你们作文课的时间也是两节课吧?(○是的。)两节课是一百分钟,老师照例在宣布题目之后要花几分钟讲解一下,然后,你们得花十几分钟构思,(○十几分钟不够,通常要想半个小时。)那么拿来写文章的时间不过六七十分钟,中间再伸个懒腰、上个一号什么的,能写出五百字来就不错。你的作文,有多长?写多少字?

○我哪能写出五百字来,有时候我对着题目下笔去写,一两句话就写完了,再也没有话可写了。

□没有关系,你只要能写出一句话,就可以写出一百句话。(○真的?)我们来试试看,这里有一句话:鸟飞。这是一个极其简短的句子,它简短,可是并不简单。鸟飞,鸟在哪里飞呢?(○天上。)鸟在天上飞。有多少鸟在天上飞呢?(○一只鸟在天上飞。)这只鸟是一只什么样的鸟呢?(○大概是一只老鹰吧。)它是怎么飞的呢?(○大概是在空中兜圈子吧。)好,一只老鹰在空中转着圈子飞。你只要能写"鸟飞",就能写"一只老鹰在空中转着圈子飞"。只要你能写鱼游,你就能写一条红色的金鱼在玻璃缸里游来游去。

　　○有一次,老师教我们写热带鱼,我写了一句"一群热带鱼在鱼缸里游来游去",就写不出来了。

　　□你已经把"热带鱼"发展成"一群热带鱼在鱼缸里游来游去",很不错,很有希望,可以继续向下发展。(○怎么发展呢?)一群热带鱼,一群什么样的热带鱼呢?你知道它们的名字吗?

　　○不知道。

　　□你怎样区别它们?

　　○有一条鱼生了许多黑斑,我管它叫小雀斑,有一条鱼生了一条一条的线纹，我管它叫斑马线，还有一条全身都是银灰色，我管它叫银子。

□这是很好的发展，"一群热带鱼"只有五个字，发展下来有多少字了？"小雀斑，身上生了许多黑斑；斑马线，浑身都是一条条的线纹；银子，一身银灰色的衣服"，你有近四十字了。你还能不能再多发展一点儿？

○没有办法了。

□那么你来发展"鱼缸"。

○鱼缸是长方形，四面都是玻璃。

□水里有什么？

○有鱼，有鹅卵石，有贝壳。（□还有？）还不住地向上冒气泡儿。

□长方形的鱼缸，装满了水，四面都是玻璃，水里有贝壳，有鹅卵石，你又有近三十个字了。人人都知道鱼缸是长方形，人人都知道鱼缸里有贝壳，这段话太平淡，你可以加个比喻使它新鲜一些，你可以说，贝壳、鹅卵石，是照着热带鱼的家乡的样子布置的，一座鱼缸就是一个人工湖。这样你又有三十多个字了。热带鱼怎么游来游去？你再往下发展吧。

○游来游去就是游来游去,怎么发展呢?

□它是沿着鱼缸游,对不对?它们的身体是很扁很扁的,游来游去,总是把扁平的身体朝着我们,像展览一样、表演一样让我们看清楚。它们还会变换颜色呢,好像一套一套换新衣服。

○这些我都没有注意。

□既然平时没有注意,临时在课堂上只有另想补救的办法。你写到这里发展不下去了,又不能找一缸鱼看看再写,你就换个方向去想去写吧。(○换个什么方向呢?)这里有十二个字:思前想后,左顾右盼,说长道短。

○这三句话都是很通俗的成语,跟热带鱼有什么关系?

□你不是写热带鱼写不下去了吗?那就暂时把鱼放下想一想,你以前没见过热带鱼,那时候,你是怎么个想法?

○我以为鱼都是给人吃的,没想到还有专门给人看的。

□等到你见过热带鱼以后呢?

○我也想养一缸热带鱼。

□你准备把鱼缸放在什么地方?

○放在客厅里。

□现在你还没有养鱼?(○没有。)在你拥有一缸热带鱼以前,你准备做什么?

○我的生日快到了,我想要求爸爸买一缸鱼,做我的生日礼物。

□你有了一缸鱼以后呢?

○我要按时间换水,放饲料。

□好,这就是思前想后。你为什么想养一缸热带鱼呢?

○好玩嘛!

□不错,不过在作文簿上,你似乎应该写得"文"一点,比方说,养鱼可以陶情怡性。还有,养鱼可能使你对海洋生物发生兴趣,将来就做个生物学家或是水产专家也说不定。有没有人反对养鱼呢?(○不知道。)也许有吧,也许你们班上就有人反对,他写这个题目的时候,可以发表反对的意见。写热带鱼通常用记叙,用描写,但是在记叙、描写之外,你也可以议论几句,这就是"说长道短"。

○左顾右盼又是怎么回事呢?

□这是说,如果你家有一缸鱼,你在课堂里还是写不下去了,你的注意力就暂时移开,想想鱼缸旁边有什么,鱼缸周围有什么。你往左边一看,看见了什么?

○左边是书架。

□书架跟鱼缸没有多大关系,有没有别的东西?(○只有书架。)有没有什么可以跑到鱼缸旁边来?你家有猫吧?

○可不是!猫可能跳到书架上看鱼。

□你再往右一看呢?右边是什么?

○右边是电视机。

□你们喜欢看鱼还是看电视?

○大家一同看电视,逢到电视节目不好看的时候,我们就看鱼。

□题目是热带鱼,你写鱼写不出来,去写猫,写猫也就是写了鱼,你写电视,写电视也就写了鱼,这就是左顾右盼。

○思前想后,左顾右盼,说长道短,这么一发展,我有多少字了?哎哟不得了,超过五百字了,两节课的时间写不完。

□所以呀,作文的问题是话太多,写不完,得挑着拣着写。比方说,现在你戴着一只新手表,你老早就想买表,现在你有一只电子表,很新,黑不溜秋的,厚厚的,带几分粗犷，现在流行这种表，不流行那种细里细气的描金表。现在流行的裤管，香港衫上的花纹，都不像从前那样文绉绉的了。这样说下去，越说越多，可以写一本书。

○那就越说越远了。

□太远了，得拉回来，回到你的新手表上，你的新手表是哪里来的？

○是舅舅送给我的。

□舅舅怎么会想起来送你表？

○有一天，我问舅舅现在几点钟，舅舅说你这么大了，该用表了，我送你一只手表。

□于是你们就去买表。

○我们先坐出租车，司机问到哪里去，舅舅说南极钟表行，司机一听马上有个主张，他说南极钟表行的老板架子奇大，女店员讲话也难听，你们怎么上他那儿买表？为什么不到北极钟表公司去买表？北极正在大减价，我载你们去，如果是上南极，我不载，你们另外叫车。

□这位司机很有个性！

○是呀，常坐出租车，会发现有些人的脾气真怪。

□要是我们交换坐出租车的经验，那就又可以说个没完。

○也会越说越远。

□那要怎么办?

○把话题拉回来。

□拉回来谈买表。你们去了哪一家?南极还是北极?

○北极。

□真的正在大减价?

○舅舅比较过,的确便宜。

□买东西的人多不多?

○很多,简直像电影院。

□店员的态度怎么样?

○很和气,都穿着新制服,胸前还有一朵鲜花。

□店里有些特别的布置吧?

○有,可是我没看清楚。

□没看清楚也好,省得越说越远。你为什么买电子表?

○听说电子表比较准确,我戴上了电子表,以后有人问我现在几点钟,我可以把准确的时间告诉他。我以前向人家问时间,明明七点半,他告诉我七点五十,害我穷紧张一阵,他们的表多半不准。

□你以前没有表,常常问人家现在几点钟,恐怕有许多不愉快的经验吧。(○是啊。)要是把那些经验都说出来,恐怕又要越说越多。(○是啊。)所以……

○要拉回来!

□不但要拉回来,而且该停止了,文章可以结束了。

○这些都能写成文章?(□当然!)那怎么写得完?别说五百字,恐怕一千字也不够啊。

□所以我说,问题不在没有话可写,问题在话太多,写不完。

○真怪,本来是没有话可写,怎么一下子变成话太多写不完了呢。写不完也是不行的啊。

□找一根细绳子,绳子的一头拴上一个铁环,另一头拿在手里,你一面把铁环抛出去,一面把绳子拉紧了,它就一直在空中飞着画圆圈儿。

○这是离心和向心力,跟作文有关系吗?

□作文构思的时候,一方面要抓紧题目,一方面要能向四面八方延伸,题目,就是"心",文章构思就是在向心力和离心力之间取得均衡,只有离心力固然不行,只有向心力也是玩儿不转的。你手里那根绳子的长度,也就是文章的长度，写长文章，题目多向前延伸一些，圆周大一些；写短文章，题目少延伸一些，圆周小一些。

○看起来，我以前作文是离心力不够。

□以后多注意就好了。

第 四

○老师常常说我不会审题，我自己倒不觉得。"审题"并不难呀。

□审题是作文的第一关，如果把题目看错了，那就一步错，步步错。这里有个题目，你"审"一下。

○这是谁出的题目呀？"勤能补拙"……

□这是某一年大专联考的作文题。

○勤能补拙是一个成语，它的意思，人人都熟悉。这种题目，一眼就可以看穿。《作文七巧》里说过，这种题目先把结论给你规定好了。不是有些专家反对出这种题目吗？

□不错，我也反对过。不过反对归反对，出题归出题，你在考场里还是会拿到这样的题目，你不能等到把它反对掉了再升学。再说，作文是一种训练，训练你怎样表示反对的意见，也训练你怎样表示赞成的意见，"勤能补拙"之类的作文题也不必完全废除。

○我赞成勤能补拙。那么，这个题目有什么好"审"的呢？

□审题的"审"字，你先好好地审它一下。法官问案叫"审案"，审案时那刨根问底的精神，很值得我们作文的人仿效。比方说，你到银行里去提款，银行给你一包钞票，你提着那个装钞票的纸袋大摇大摆走出银行。这时候，忽然有人掏出一把手枪指着你，叫你"不要动"！

○哎哟，强盗！

□他说不要动，把纸袋放在地上，向后转，站到墙根那去，他说你十分钟之内不许转身，等你转过身来，自然是拿枪的人不见了，你的钱也不见了。这叫"抢劫"。抢劫是大罪，也许要判死刑。（○哎哟！）也许情形不是这样，也许你提款的时候，旁边有个人一直在注意你，你提了纸袋出门，他就在后面跟着，到了行人稀少的地方，他趁着你没有防备，赶上几步把纸袋抓在手里转身就跑。

○强盗!

□这叫"抢夺"。也许你提着钱袋,一路平安,可是你不想马上回家,你想在外面喝一杯橘子水。你进了冷饮店,找个位子坐下,把钱袋放在身旁的空位上。等你喝完冷饮起身付账的时候,你才发觉钱袋不见了!

○这个人怎么这样粗心啊。

□这一回,不是抢劫,不是抢夺,这一回是"偷窃"。偷窃、抢夺、抢劫,法官可要分得清清楚楚,不能马马虎虎啊!你看作文题目的时候也要如此。

○那么,"勤能补拙",我先要弄清楚什么是"勤",什么是"拙"。

□不错。不过还有一个"补"字,你也不可放过。没受过审题训练的人,很容易忽略了这个"补"字。倘若不在"补"字上做文章,"勤"和"拙"的关系就扣不稳。

○这个"补"到底是什么意思?

□你认为"勤"和"拙"是什么意思?

○"拙"是没有天才。

□在这里,"拙"并不是完全没有天才,它是说天才比人家"小"。天才的形容词是"大""小",如果不说天才,改说"天分",它的形容词是"高""低",天分比人家低就是比人家"拙"。

○所谓"补拙",是不是天分变高了,天才变大了?

□我想不是那个意思,一个人的天分能不能由低变高,天才能不能由小变大,我们没有那么大的学问去下判断、作结论,我们只知道"人一能之己十之,人十能之己百之",天分低些的也许就赶上了天分高些的。在理论上一个"拙"而"勤"的人,他的成就往往能赶上、能超过一个"巧"而"懒"的人,在"龟兔赛跑"的故事里,龟就以它的勤补救了自己的拙。"补"是补救,身体不好,可以用锻炼来补救,眼睛近视了,可以戴眼镜来补救。你觉得比人家拙吗?别灰心,可以用"勤"来补救。

○这么说,在这个题目里面,最重要的字,是"补"。我当初可没有想到,我一直以为最重要的字是"勤"。

□作文题目的每一个字都应该很重要,审来审去,应该没有闲字,没有赘词。审题就是把每一个字的作用找出来。不过,作文题即使只有两个字,也应该有一个字是关键所在,例如"新年"和"过年"乍看仿佛一样,但是新年的关键在"新",过年的关键在"过",写新年要把新写出来，写过年要把"过"写出来。"我的学校"和"我的学校生活"不同；"我的学校"是静态的，"我的学校生活"是动态的，照题作文，应该是两篇不同的文章。

○前几天，我看到一篇文章，说是有一年高中联考的作文题是"推动摇篮的手"，大家都说这个题目出得好，也有人说这个题目很难写，不知道怎样下笔。请问这个"推动摇篮的手"哪一个字是关键？

□当然是"手"。他要你写某一只"手"，这手是推动摇篮的手，不是切开钢铁的手，不是扣动扳机的手，不是播种锄草的手。

○我有一种感觉，我自己也不知道为什么会有这种感觉："推动摇篮的手"，好像这句话并没有说完。

□这和文句的节奏有关系。"推动""摇篮"一连两个复词压在上面，"的"字承上启下，压力直贯下来，下面只有一个单调"手"，有些收刹不住。如果最后也是复词，你的感觉就不一样了。

○为什么题目的构造是这个样子呢？

□这个题目是有出处的，它本来是一句格言："推动摇篮的手，就是创造世界的手。"

○原来是这样的!怪不得有人说这个题目不好懂,他们不知道还有下半句。出题目的人为什么不把整句格言都写出来,为什么只写一半呢?

□从前中国的考官出题目,常常是说一半留一半的,至少在咱们中国,题目有这么个出法。有个故事说,主考官拆开密封,宣布试题,诗的题目是"柳絮飞来片片红"。应考的人一看题目都目瞪口呆,没法下笔,主考官一看事态严重,如果大家都交了白卷,怎么向皇帝交代!他决定放大家一马,他念出两句诗来:"夕阳返照桃花坞,柳絮飞来片片红",大家这才有办法写下去。

○审题光审字面还不够,还得审没说出来、没写出来的。真不容易!

□有些题目越审越有意思。你想想看,"推动摇篮的手"是什么人的手?

○大概是母亲的手吧。(□对!)可是在我们家乡,做母亲的用脚去推动摇篮,不是用手。

□做母亲的一面打毛线,一面伸出脚去蹬摇篮,这个镜头我也见过。不过,母亲打毛线打累了,会放下工作伸出双手轻轻地推着摇篮,用她温柔的眼睛看着孩子。尤其是到了晚上，母亲俯身在摇篮边唱催眠曲，这时候她推动摇篮，一定是用手。

○推动摇篮的手，怎么能创造世界呢？

□能够创造世界的，是一些什么样的人？

○应该是政治家、科学家、哲学家、军事家。

□这些人要不要在摇篮里长大？要不要在襁褓中长大？要不要在母亲的怀里长大？

○这么说，摇篮不一定是摇篮，也代表母亲的怀抱。

□它的意义还可以扩大。有没有听说过工业的摇篮？农业的摇篮？还有教师的摇篮？医生的摇篮？

○教师的摇篮，可能是指师范大学。

□如果教师的摇篮是师范大学，推动摇篮的又是谁？

○师范大学的校长。

□政治家的摇篮，科学家的摇篮，哲学家的摇篮，都有一只"手"在那里推动，你看这些"手"能不能创造世界？

○这么说，"推动摇篮的手"这篇文章可以做得很大。

□它也可以很小。

○大做好还是小做好？

□小做，写母亲的手，可以写成记叙文、抒情文；大做，恐怕要做成论说文。(〇应该选哪一种?)就这个题目而论,你可以自由选择。

〇有人说,不管是什么题目,他爱写抒情文就写抒情文,他爱写议论文就写议论文,这话可靠不可靠?

□这要看你是考试呢,还是自由创作。我可以把"论国文之重要"写成小说。但是,我如果在考场里这么干,准得鸭蛋,因为文不对"体"。

〇这么说,我们在审题的时候,是不是就要决定写记叙文呢,还是抒情文呢,还是议论文呢?

□应该说是以抒情为主呢,以议论为主呢,还是以记叙为主?"读书的甘苦",大概以记叙为主,别看"甘苦"两个字那么要紧,也不宜有太多的抒情。"一本书的启示"恐怕以论说为主,对"一本书"的内容只能简单介绍。

〇究竟有个标准没有?

□有时候,你得照题目的规定。"论读书的甘苦"是以论说为主,"记读书的甘苦"就是以记叙为主。"西山游记""核舟记"以记叙为主。"论""说""记""有感"等等字样都很重要,审题的时候要加以注意。

〇像"灯塔与烛火",并没有"论"或者"记"一类字样。

(□你先审一审这个题目。)灯塔和烛火都在暗夜里放光,都象征服务的精神。(□对。)这些大道理,照例得用议论。(□对。)听说有人不用议论,他用描写。

□他可能把灯塔和烛火都描写得很生动,但是,他最后怎样把文章"合"起来呢?"灯塔与烛火",这个"与"字很重要。(○怎样合起来,倒是没听说。)如果灯塔是灯塔,烛火是烛火,描写的功夫再好,也只是两个片段,不是一篇完整的文章。

○若是文章的题目没有明文规定是记叙还是议论,又用什么做标准?

□这要看文章的内容。"从挫折中培养勇气"这个题目,可以写出不同的内容来。想想看,你有什么材料可用?

○记得从前有个国王,打了败仗,躲在一座破庙里避雨。一只蜘蛛在他眼前结网,好容易结到一半,一阵风把网吹破了;好容易又结到一半,一阵雨来又淋毁了。可是那只蜘蛛继续努力,从头来过,终于结成一面又大又漂亮的网。那个打了败仗的国王看到这幕情景,已经失去的信心和勇气又恢复了。他好像后来又打了胜仗。——我记不清楚了,大致经过是这样。

□这个材料是一个人经历了一件事，如果写成文章，以记叙为主。不过你再仔细看看题目。

○从挫折中培养勇气，最重要的字眼儿是"培养"。

□不错。挫折给你教训，挫折给你智慧，你的勇气并不是一意孤行，蛮干到底。

○我想起来了，有一个名人，他受了挫折，他去读伟人的传记，他受那些传记的影响，慢慢恢复了勇气。

□你说的名人是谁呢？他读的是哪几个伟人的传记呢？（○忘记了。）这些人名书名都该记住，不过，忘记了也有办法补救，你别写记叙文了，你写议论文。（○啊？）你的观点是：阅读名人传记可以培养勇气。受到挫折了吗？丧失勇气了吗？去读伟人的传记吧。

○我读过林肯的传记，也读过郭子仪的传记。他们都经过很多挫折。可是他们终于成功了。

□从挫折"中"培养勇气，这个"中"字也很重要。为什么说挫折中不说挫折后呢，因为挫折不止一次，是一次又一次，挫折是多数，是一连串。你一面受挫折，一面得到教训，受到锻炼，挫折给你营养，使你越来越壮大，你如果没受过挫折，你得不到这些营养，你如果置身挫折之外，你受不到这种锻炼，你非在挫折"中"不可，你要扣紧这个"中"字。

○唉，我真希望题目越简单越好，最好只有一个字。比方说，题目是"忍"，抒情、记叙、议论不拘，那也不用审题了。

□也许有一天作文根本没有题目，由你写，写好了再加个题目上去。不过到那时候，"加个题目上去"也有种种讲究，还是得费一番琢磨。

○难怪老师常说：作文，就是要不怕麻烦！

第五

○作文一定要起承转合吗?

□不,作文不一定都要起承转合。但是,如果你能做到起承转合,那也不错。

○我已经在三个地方看见人家谈起承转合,都举王安石论孟尝君的一篇短文为例。"世皆称孟尝君能得士,士以故归之,而卒赖其力脱于虎豹之秦。"这是起。"嗟乎,孟尝君特鸡鸣狗盗之雄耳,岂足以言得士!"这是承。"不然,擅齐之强,得一士焉,宜可以南面而制秦,尚何取鸡鸣狗盗之力哉?"这是转。"夫鸡鸣狗盗之出其门,此士之所以不至也。"这是合。

□你觉得这样写好不好?

○王安石是照"起承转合"的方法写这篇文章?

□是王安石这篇文章里有"起承转合"。

○别人的文章里有没有"起承转合"?

□通常,你拿起笔来先要决定文章怎么开头,第一句怎样写,第一段说什么,这就是"起"。你看,这本杂志上有篇文章,第一段写的是:"人人都说杨霞是个美女,她就在我们学校里念艺术史,我可从没见过她。"这就是"起"。

○她到底美不美?

□这篇文章的作者就是要你问这句话。"起"要能够吸引读者的注意力,使读者想往下看。读者既然想往下看,他就要接着往下写,你看他是怎样写的?

○让我看下去。……他说他为了看看杨霞长得什么样子,一个人偷偷跑去旁听与他毫无关系的艺术史,谁知在教室门外突然有人问他:"你是来看杨霞的吧?"他连忙否认,没有进门。

□这就是"承","承"是起了头以后接着往下发展,使"起"的部分更充分。你看,这一起一承,你会这么想:一定有好多男生为了看杨霞而去旁听艺术史,要不,这位作者的动机怎么一下子就给人看破了呢?

○可见杨霞的确长得很美。

□对,"起"是说杨霞美,"承"也是说杨霞美。再接下去应该说什么呢?作者决定转个弯,换个方向,起一点儿变化。这就叫"转"。

○为什么要"转"?

□如果有个同学对你说,他妈妈怎样怎样喜欢他,他阿姨怎样怎样喜欢他,邻居也喜欢他,由幼稚园大班到初中三年级每一个老师都喜欢他,这样一个连一个往下说,你听了烦不烦?想不想听点别的?

○哦,原来是这样的!

□你看,下面作者要告诉我们一些"别的"。他说,后来杨霞参加选美,他正在营里服役。他想,走在伸展台上的杨霞一定美艳无比。谁知选拔的结果是,杨霞没有上榜,连最后一名也没得到。

○这是为什么?

□这种事情可以发生,不过这篇文章的作者并不打算讨论这个问题。

○唉,她又何必去参加选美呢?

□那也是题外之言。这位作者要说的是,他退伍归来,终于在一个宴会上见到杨霞了,他说,杨霞果然很美,写杨霞的美,他差不多用了一千字。可是,他说,他总觉得杨霞缺少一点什么,杨霞好像失落了什么。作者说,看来选美给她的打击很大,杨霞失去的,是自信,杨霞缺少的,是由自信产生的活力和光泽。

○啊!

□最后,作者说,他认为未参加选美之前的杨霞才是美的,可是机会是一去不返了。以后,每逢想起杨霞,他总觉得从来没有见过她。

○啊!

□这就是"合"。

○合得好!

□你看,你的反应,证明"起承转合"原是读者的自然要求。说到这里,我想起小时候读过的一首诗。

○哪一首诗?不知道我读过没有?

□这首诗是:春游芳草地,夏赏绿荷池,秋饮黄花酒……

○冬呢?

□冬赋白雪诗。

○我没读过。

□这首诗是北宋的汪洙专为孩子们写的,《千家诗》没有选它,民国的小学课本倒选上了。那时候,选教材的人认为这首诗对仗工稳,可以给学童许多启发。你喜欢不喜欢这首诗?

○我说不上来。

□如果用"起承转合"的眼光看这首诗,你认为它怎么样?

○它好像没有"合"。

□对呀,我当初也这么想,总觉得这首诗没写完,下面还该有;又觉得它不像是一首独立完整的诗,像是从一首长诗里头摘出来的四句。

○它也没有"转"。

□不错。这四句诗的布局,是平列的,平列式的写法可以不"转"。你写"我的家",写父亲怎样,母亲怎样,爷爷怎样,可以没有转折。平列式的布局最后不能不"合",你写"读书的益处",第一怎样,第二怎样,第三怎样,最后总得来个"总而言之"。

○我想起《核舟记》,写用一枚桃核刻成的一条船,写完了船上的各样物件和人物之后,最后说:"通计一舟,为人五,为窗八,为箬篷,为楫,为炉,为壶,为手卷,为念珠各一;对联、题名并篆文,为字共三十有四。而计其长曾不盈寸,盖拣桃核修狭者为之。嘻,技亦灵怪亦哉!"

□对了,我就是这个意思。

○我也想起一首"好像没写完"的诗,应该说是词。"多少恨,昨夜梦魂中。还似旧时游上苑,车如流水马如龙,花月正春风。"我一直以为这是半阕。

□这是李后主的"大作",敢说他"好像没写完"的,也许只有你吧。

○诗要有"言外之意",也许用不着"合"?

□不错。有时候,诗人留下缺口,让读者自己去"合"。例如蒋捷的词:"少年听雨歌楼上,红烛昏罗帐。壮年听雨客舟中,江阔云低,断雁叫西风。而今听雨僧庐下,鬓已星星也,悲欢离合总无情,一任阶前点滴到天明。"

○我们读完了这首词,怎么个"合"法呢?

□这首词最后"一任阶前点滴到天明"的时候,你觉得他把前面的壮年听雨和少年听雨都化进去了,整首词的人生经验是一,不是三。

○我怎么没有这个感觉?

□大概因为你的年纪还轻吧。我来换一个例子：拿破仑曾经说过,作战有三个条件,第一是钱,第二是钱,第三还是钱!

○这是三个条件还是一个条件?

□他是强调必须有充足的军费,你已经把它合起来了。

○这个"合"比较容易。

□孔子说,他十五志学,三十而立,四十不惑,五十知命,六十耳顺,七十不逾矩。这一段话你一直读下来,读到最后一句"不逾矩",这最后一句就是总结,给人以"水到渠成"的感觉。

○这个"合"比较难。

□你现在可不能学李后主噢。

○我得学王安石。我正在想用"起承转合"写"我的学校生活"。您看我该怎样"起"?

□起要起得漂亮,让人家想看下去。我多年前见过一篇"我的学校生活",开头第一句"我是第一女中的男校友"。你看"起"得好不好? 你想看不想看?

○是啊,女中怎么会有男校友呢?

□多年以前,新店有个初中,由第一女中代办,名义是一女中的分部。这个初中男生女生都收,男生想说俏皮话,就以一女中的学生自居。

○他们穿不穿一女中的制服啊?

□他们不穿一女中的制服,但是唱一女中的校歌,领一女中盖了大印的证件。

○他们能不能升到一女中去读高中啊?

□当然不能。但是他们去考别的高中,用的是一女中分部的学历。

○这可真有意思。这种有意思的事情我没赶上,那怎么办?

□你读的学校,总该也有些事情很有意思吧?

○我们的学校紧靠在铁路旁边,火车经过的时候,教室里地动山摇,玻璃窗哗啦哗啦响。有时候,火车经过,我们正在考试,同学们趁机会通通消息,老师一点也听不见。这种事情也能写吗?

□你要是问训导主任,他一定说这种事既不能做,也不能写。我呢,认为这一类的小淘气,本来不该做,既然做了,倒是不妨写出来。学生嘛,可以小淘气,不能大淘气，大淘气可怕，小淘气可爱。

○我开头就写这一段好不好？

□一开头就写考试作弊？那又不太好。再说，有些材料现在就可以写，有些材料要留着将来写，等你进了大学，回忆中学时代的生活，那时候写怎样趁着火车经过的时候把选择题的答案念出来，更有意思。现在，我想，火车一天经过好多次，总不会都在考试的时候吧？

○有时候我们正在念书，有时候老师正在讲课。我们念书的声音，火车经过的声音，常常混在一起。

□好，就用书声和火车声做"起"。

○我来写：我们的书声和火车的声音，总是混杂在一起。

□加上形容词。

○琅琅的书声，轰隆轰隆的火车声。

□这地方不要用"混杂"，一说"混杂"，书声就丑了。书声应该是很美的。

○改成"搅拌"吧？

□把整个句子念一遍。

○我们琅琅的书声，总是和轰隆轰隆的火车声搅拌在一起。

□"我们"两个字显得突兀，前面加上时间。

○三年来，每天早晨，我们琅琅的书声总是和轰隆轰隆的火车声搅拌在一起。

□你看这样是不是好些？

○写一句，就要费这么多心思呀。

□推敲嘛。

○下面该"承"了吧。

□当然。下面你要写书声和火车声是怎么联系在一起的。

○因为学校就在铁路旁边。

□下面接着写读书和火车的关系，你们上学要不要坐火车？是不是坐在车上——甚至站在车上——也温习功课准备考试？会不会坐在车上就像是坐在教室里，坐在教室里听见车声的时候又像坐在车上？把这些写出来，一面托住"起"，一面准备"转"。

○我现在要写记叙文，怎样转才好？

□议论文的"转"，是换个角度，说另外一层意思，记叙文的"转"，多半是写事情的变化。比方说，火车忽然不经过这里了，铁路拆掉了，万华到新店本来有条铁路，现在不是没有了吗？

○我们学校旁边那条铁路并没拆掉。

□或者，火车照常经过，可是没那么大的噪音了，铁路电气化以后，火车走得又快，声音又小。

○我们旁边那条铁路也没有电气化。

□或者，你转学了，你换了一个学校。

○我也没转学。

□你现在读三年级，再过半年，你就要毕业了，这是一定会发生的事情，你就从这上面"转"吧。

○好。"再过几个月，我毕了业，就要离开这个学校，听不见这隆隆的车声了。"

□别这么快，这样太急促了。先想象一下新学校是什么样子。——想不出来是不是？就写你想不出来。

○好。"再过几个月，我要毕业了，我要离开这里，升入另外一座学校。我不知道那座学校在哪里，不知道它是什么模样，但是我知道，我是不会再听见这种隆隆的车声了。"

□不要"但是"，"但是"已经藏在"再过几个月"那一句里。删掉"但是",不要马上说听不见车声,先说别的声音陪衬一下。

○好。"我知道,我得把琅琅的书声留下,把争吵不休的麻雀和热情呐喊的蝉留下,把隆隆的车声也留下。"

□换个比喻形容车声,"隆隆"用得太多了。

○雷也似的车声。

□把"雷"字改成复词。

○雷霆似的车声。

□雷霆太严重了。

○奔雷似的车声。

□很好,"奔"字写出了火车的"动"来。下面可以"合"了。

○怎样"合"?

□写到这里,你似乎是在抒情了,怎样"合",由你的感情来决定吧。

○我真有点舍不得离开我现在的学校。我想,到那一天,我对这讨厌的车声,会十分怀念。

□就用你这几句话作结。"讨厌"两个字太重,跟你流露出来的抒情的意味不能配合,可以改成"多事"。念一遍听听看。

○我真有点舍不得离开我现在的学校。我想,到那一天,我对这多事的车声……

□念不下去了是不是?最后这一句的语气急促,收刹不佳。这地方最好用猜测的语气,感叹的口吻,使句子长一点,语气悠长一点、缓慢一点。"我对这多事的车声,也许会时时怀念,觉得回味无穷呢!"

第六

○你在《作文七巧》里说，作文要会用比喻。近来我看书特别注意比喻，见了比喻就抄下来，已经抄了两百多条。

□让我看看。望子成龙，杳如黄鹤，千里鹅毛，如簧之舌。这些都是成语，成语里头找比喻，可以找到很多。"柔若无骨"，这个不是比喻，"柔情似水"，这个才是。芙蓉如面柳如眉，受降城上月如霜，诗里也有很多比喻。"跳进黄河洗不清"，对，俗语谚语也是一个宝库。你知道"跳进黄河洗不清"是什么意思吗？

○这是说嫌疑很大，怎么解释也没有用。

□为什么说跳进黄河呢？（○因为黄河里的水多。）你说对了一半。中国河流以黄河的水最浑浊，泥沙最多，地理书上会告诉你泥沙在一立方米的水里占几分之几，一年有多少亿吨泥沙沉淀在河底下。你用这样的水洗脸洗澡是洗不干净的，洗完了，还有泥土留在身上。"跳进黄河"有怪你选错了河水的意思，也就是说你自己不懂得躲避嫌疑，惹上麻烦。这个比喻只有用"黄河"才贴切。

○我抄的比喻还有"哪里河水不洗船"，"十年河东，十年河西"，"河里淹死会水的"。

□你把"河"有关系的比喻集在一起，加以比较，这个办法很好。这样你会发现一样东西可以拿来比许多事物，一条河，一朵花，你都可以使用无数次。这里有一条好像是对仗的，"芍药花开菩萨面，棕榈叶散夜叉头"。你观察过芍药花没有？

○没有。棕榈树倒是天天看见，家门外面人行道上有的是。有时候，尤其是台风季节，披头散发的样子，白天还不觉得怎么样，夜晚的确有几分可怕。

□这里又有一条：修剪过的花，开成一首七律。这一条很有创意。中国庭园一向主张生机自然，有些人受西方影响，把一排花或是一行小树修剪得方方正正，规规矩矩，呈现出"几何"之美。

○我能不能说"修剪过的小树，长成一片几何"？

□可以，我想可以，但愿你的老师也不反对。

○这里有两句比喻，我觉得很奇怪，一句是"离别像死亡一样长"，一句是"欢会像死亡一样短"。人在离别中觉得时间特别长，在欢会中觉得时间特别短，这个我懂，可是死亡怎么会忽长忽短？

□这个比喻的匠心所在，就是死亡可长可短。人死不能复生，因此死亡很长很长，这是指死亡之后。孔子是在公元前四七九年死的，到现在两千多年了，再过两千年，孔子仍然是死了，孔子永远死了，死亡不是很长吗？可是如果不说死亡之后，单说死亡之时，你在电影上也常看见，人在临终的时候眼一闭，头一歪，不就死了吗，死亡不是很短嘛！

○唉，比喻嘛，它非常重要，可是实在很难。

□比喻很重要，可是并不难。别的事情也许越重要越难，语文的使用我看是越重要越容易。（○那怎么会？）会的！越重要，越是人人要用，时时要用，它也就难不到哪里去。

○你说比喻人人要用时时要用？不是只有作家才在那里挖空心思找比喻，好久好久才想出一个来吗？

□作家想的，是创造性的比喻，是别人没有用过的比喻。大众日常说话写信，用的是约定俗成的比喻，通行已久的比喻。由这些通行已久的比喻，可以看出比喻无所不在，人人不知而行。我们不是都管演员叫明星吗？"明星"就是比喻。

○演员叫明星，大牌演员叫天王巨星。（□电影界戏剧界叫星海。）新演员叫新星。（□演员死亡叫陨星。）有一本书叫星谱，我还以为是天文学，打开一看，原来是演员的小传。

□吃喜酒，有人酒量大，人家就说他是海量。如果说"海"是"大"的意思，当然也可以，我们从比喻的角度看，海就是海，海量就是如海之量。（○人海的"海"也是比喻吗？）万人如海一身藏，是比喻。

○这么说，"铁汉"也是比喻。（□不错。）诡计也是比喻。（□不错。）山积、斧正、光临，岂不都是比喻？

□山积、斧正，是很明显的比喻。有些比喻不明显，像"灭亡"，就是像火灭了，像人死了。我们说某人很"厚道",某人很"薄情",厚和薄都来自比喻。

○有句话是人情比纸薄。

□一个人的头发白了,我们说他一头银发,这个"银"是什么意思?字典上说,银,白色,没错;我们说,银,像银子一样的颜色,也没错。银发,银白色的头发。不过银子表面氧化以后就没那么白那么亮了,那种颜色叫银灰,银发也可能是银灰色的头发。

○是不是也可以这样解释铜绿?(□可以。)也可以这样解释雪白?(□可以。)黄色有橘黄、米黄、金黄——怎么又说金红?

□纯金闪烁着近乎红色的光芒,叫赤金。

○金红,还有火红。——还有火急,像失了火一样急。

□也不一定是失火。你在营火晚会上观察过火没有,燃烧的时候,火在柴上是有一副急急忙忙的样子。

○还有"猴急",猴子总是没有耐性。

□你看,天地间皆是比喻。(○比喻中自有天地!)离开比喻,我们说话就有困难。

○有些比喻,只看见人家这样写,没听人家这样说。像这一条:路是一河晚霞,我是凌波的仙子。

□路是一河晚霞,大概是刚下过雨,柏油路面上有水,水里有霓虹灯的倒影吧?(○是的。)凌波仙子,就是走在马路上的人了?(○是的。)这样的句子有"文艺腔",只能在写作的时候用。恐怕只能在写诗的时候用。有时候写抒情的散文也行。

○雨是抽不完的丝,织成一张大网,任我在网中挣扎。(□这句也不错。)落日如猛将受伤吐出来的一口血。(□哎哟,这一句好可怕,教人忘不了。)人生就是你驾着一条新船,在一条陌生的航线上航行,手里的航图模糊不清。

□这一句,倒是写论说文也可以用了。

○这些比喻是怎么想出来的呢?怎样才会产生比喻呢?

□这,很难说明,"才情"有关系,"灵感"也有关系。有一年我读莎士比亚的剧本,那里头比喻真多,读着读着我忽然有一点儿领悟,他老人家有些比喻是用"大远景"的手法产生的。你知道,电影镜头有远景、中景、近景和特写。远景,镜头摄出来的空间大,空间里的景物就相对地缩小,这时看上去景物就不像原来的东西,像是另外一种东西。如果近景是山坡上有许多人,山顶上有许多人,山脚下也有许多人,大远景把整个山照出来,满山是人,这时候人缩得很小,看上去也不像人,像一堆昆虫,或者像一群蚂蚁。所谓"蚁聚",就是这种情景。

○莎士比亚也用"蚁聚"吗?

□我没见他用"蚁聚",我见他说"人们都像蝴蝶,只向炙手可热的夏天翩翩起舞"。他说"在世界的大卷册中,英国是广大水池里的一个天鹅巢"。他在描写一个英雄的时候把凡夫俗子都缩小了,你看,"他像一个巨人似的跨越这狭隘的世界,我们这些渺小的凡人一个个在他粗大的腿底下行走,四处张望,替自己寻找不光荣的坟墓"。

○这么说,"人山人海"就是大远景手法,"山是凝固的波浪"也是。

□凡是太大的景象都难比,你哪里去找同样大的东西?你描写天空,哪里去找跟天空一样大的东西做比喻?你说天如"穹庐",像中央高四面低的圆顶,像蒙古包,你把天缩小了。

○我想起长江"如带"。

□说长江像一条带子,是故意贬低长江,抹杀了长江的气势。如果你见过那么大的江,你会说那不是一条带子,那是一根血管,你自己的动脉血管。它的每一个波浪都撼动你全部的神经。

○景物太大,固然难写,景物太小,也不好办。不知道莎士比亚是怎样处理的?

□有时候,莎士比亚把他要描写的景物放大。放大可以夸张效果。他描写一个人受了伤,要死了,"创巨痛深的伤口,像是一道毁灭的门户"。把伤口放大到门户的程度。另外,他描写一个英雄打了胜仗,立下战功,自己身上也多处受伤,他说"每一个伤口都是敌人的一座坟墓"。这又把伤口放大到坟墓的程度。他描写英雄为了复仇兴兵打仗,士兵的每一根头发都是一条惩罚的鞭子,又把头发放大到鞭子的程度。

○我们就用放大的方法描写很小很小的东西好不好?

□从前徽、钦二帝被金兵掳去,生活很苦,身上生了虱子,皇帝不知道这叫虱子,写信回来说:"朕身上生虫,形似琵琶。"他就是把虱子放大到琵琶的程度。

○虱子像琵琶,跳蚤像什么?

□你可以换个角度放大它。跳蚤的特点是会跳,而且跳得很高,有人说,如果以身体大小和跳起来的高度做成比例,跳蚤是跳得最高的动物了。你有没有见过一窝跳蚤同时跳起来?我见过,如果要我比给你听,那就像一个黑色的炸弹突然爆炸。

○你在《作文七巧》里提到秒针。像秒针这样小的东西用什么比喻好?

□我一直忘了告诉你,比喻不是孤立存在的,它是整篇文章的一小部分,用什么样的比喻,得看文章需要什么样的效果。莎士比亚写的是复仇之师,士兵的头发才会和鞭子联起来,如果你写美容院,能说头发像鞭子吗?美容院要鞭子做什么?英雄驰骋疆场,全胜而归,他身上的伤口才是敌人的坟墓,如果是台风把房子吹垮了,砖瓦在你头上敲了一个洞,还能说是敌人的坟墓吗?哪儿来的敌人?

○可见别人的比喻虽好,自己未必合用。

□你可以学别人的"方法"。刚才你提到秒针,我想起我读过的两篇文章。一篇形容秒针像"鸡啄碎米",整篇文章怀念农村生活;另一篇写的是道路辛苦,在家千日好,出门一时难,秒针在他眼里就不同了,他说秒针一步一步走得很慢,每一步都好容易摆脱了地心吸引,就像他当年背着行囊在泥沼里前进一样。

○这里有一个比喻，形容菌类的形状像原子爆炸升起的云柱，这该是一种毒菌啦？（□对啊！）把杜鹃花的红说成哭红、烧红，或是泼红，文章里的感情一定不同啦？

□不错，我的意思你都明白了。

○以后再读到好的比喻，我得把整篇文章影印下来才行。

□如果有一首诗或一篇文章很精短，如果他用比喻又用得很多也很好，我们得考虑读熟了，能背诵。我这本书里有一首送别诗，台湾诗人丘逢甲写的：

○乍愿君如天上之月，出海复东来。（□这是比喻。）不愿君如东流之水，到海不复回。（□第二个比喻。）有情之月无情水，黯然销魂别而已。况复一家判胡越，百年去乡里。关门断雁河绝鲤，（□这是用典。）万金不买书一纸。噫嘻乎嗟哉远游子，春风三月戒行李，留不住，箫上声，（□比喻。）拭不灭，玉上名，（□比喻。）千尘万劫磨不得，屋梁落月之相思，河梁落月之离情。（□用典。注意典故引起的联想，有时候和比喻的功能相同。）山中水出山不复清，海中月出海还复明，（□都是比喻。）不惜君远别，惜君常决绝,知君来不来,看取重圆月。

□你看到了吧,这首诗用了许多比喻,而且开头用明月海水作比喻,结尾再用明月流水作比喻,首尾呼应。

○好啊,这个首尾都用比喻互相呼应的写法,我要学一学。文章开头,我说学好事如同逆水行舟,学坏事如同顺水推舟。文章结尾,我说宁愿逆水行舟走得很慢,不愿意顺水推舟走得很快。

□一头一尾都有了,中间说什么呢?

○中间嘛,我得好好地想一想。

第七

○慈母手中线,游子身上衣,临行密密缝,意恐迟迟归。——

□怎么不念下去?

○这最后两句,究竟是议论呢,是描写呢,还是抒情?——谁言寸草心,报得三春晖。

□这两句很不简单。它是两个比喻,以寸草心比人子,以三春晖比慈母。草木本无心,何尝有报答春天的想法?而诗人用"报得"两个字把它们联起来,使两个分别存在的意象合成一个连续的意象。(○那么这是描写了?)可是这是一个问句,"谁言",谁说的?好像怎样报答春晖,怎样报答母爱,这个念头已经在心里盘旋了很久很久。这就是抒情,通过描写来抒情。

○谁言寸草心,报得三春晖,好像也有点议论的味道?

□不错,因为"谁言"也可能不是在问。"谁说我办不到!"下面可以用惊叹号,不用问号,这样,"谁言"的语气是否定,谁说我办不到就是我办得到,谁言寸草心,报得三春晖就是寸草心报答不了三春晖。这样,它就是议论,用比喻来议论。

○这两句诗的意思有这么多变化!

□还有呢。"寸草心"可能是"寸草的心",也可能是"寸草一样渺小的心",寸草是比喻,形容人子的心力微薄;"三春晖"可能是三春的阳光,也可能是像三春一样的温暖,三春一样的博大,"三春"也可能是个比喻。如果这样看,这两句诗的语意就又落实在游子身上:游子,像寸草一样渺小的游子,能报答三春一样的母爱吗?谁说的?

○难怪这两句诗这样出名,仔细咀嚼起来,真是意味无穷。

□有人说,诗人是先有了这最后两句,才决定写这首诗的。也就是说,诗人要借着母亲替将要出门远行的儿子做衣服,写出母子两代的"代差",写出儿女对父母的亏欠。

你还没出过远门吧?(○没有。)如果你出过远门,你就知道,你心里充满的是广阔的天地,新奇的事物,恨不得立刻飞出门去,何尝把她老人家的"密密缝"放在心上呢?何尝想到"迟迟归"给她造成的心理负担呢?

○她为什么要自己做衣服呢?为什么不带儿子到百货公司里去买呢?

□你想想这是谁写的诗呢,那时候哪来的百货公司?别说唐朝宋朝,几十年前我离家的时候,所有的行李都是母亲一针一线缝起来的。(○我很喜欢听你们老一辈讲年轻时候的故事。)那时候国家正在对日抗战,我们背着个大行李到很远的地方去念初中,这一去不知何年何月才回家。读了两年,学校要搬到更远更远的地方去,行李背不动,又没钱雇车,再说到了外面过的是团体生活,从家里带出去的东西也多半用不着。校长教我们来一次大甩卖,我们把行李从储藏室里拿出来在操场里摊开,让附近做生意的人来买,住在附近几个村子的人都来看热闹。那天我在这个临时市场里走了一圈儿,我猜你没见过那个场面。(○我没见过。)见过那种场面,你才知道什么是慈母手中线。(○你们都带了很多衣服?)有的人把他从家里带出来的鞋子摆出来，不是一双鞋，是四双五双，尺寸一双比一双大。（○为什么？）因为他的脚会长呀！他十五岁穿的鞋子比他十四岁穿的鞋子要大一些是不是？（○都是他母亲做的吗？）他母亲一双一双都替他准备好了，每一双鞋子里还塞着一双袜子呢。（○袜子一定也是一双比一双大！）有人带出来七八件小褂，也就是手工做的老式的衬衫，那些小褂的领子也是一件比一件大，袖子一件比一件长，小褂的口袋里还装着手帕，叠得方方正正的，那些手帕也是他母亲裁了布缝了边做出来的。

○你们都把它卖啦？

□而且卖得很便宜，简直半卖半送！

○好可惜啊！

□我到现在还心疼。

○你为什么不把它写出来呢？

□如果写，你认为应该怎么个写法？

○照实际的情形写出来，不是很动人吗？

□写出"慈母手中线，游子身上衣，临行密密缝，意恐迟迟归"就可以了？

○好像不行，最后两句还是不能不要。（□为什么？）

没有"谁言寸草心，报得三春晖"，好像前面的四句都没有着落。

□你说对了。诗人为什么要写"慈母手中线，游子身上衣"呢？他有了"慈母手中线，游子身上衣"的材料以后，心里打的是什么主意呢？他打的主意就是借"慈母手中线，游子身上衣"来表现"谁言寸草心，报得三春晖"，他要我们以春晖难报的心情看慈母缝衣。这就是你们老师在作文课堂上常说的"立意"。

○这么说，你写操场大甩卖也得先"立意"？（□当然。）你也立意写春晖难报不是很好吗？

□春晖难报是个永恒的主题，以前不知有多少人写过，以后不知道有多少人要写。作文这样立意，当然再妥当也没有。不过我要顺便提醒你，同一个题目，同一种材料，张三的立意可能和李四不同，王五的立意又可能和张三不同。正因为有可能不同，"立意"才十分重要，倘若立意只有一个，人人相同，那就只要把标准立意背下来就行，用不着训练了。

○操场大甩卖还能立个什么样的意呢？

□有一次，我把操场大甩卖的故事讲给一个朋友听，他叹口气说,那些做母亲的为什么要替儿女准备得那么周全呢,儿女有儿女的天地,儿女有儿女的生活方式,他们不能永远在父母画的框框里生活。还是少替他们做两双鞋吧。你看,这就是另一种立意。

○如果立了这么一个意,文章写出来就不同了。

□这就成了劝父母放松心情,别把儿女抓得太紧,相信儿女的能力,等等。

○慈母手中线,我第一次看到这句诗的时候,我想到的是毛线,游子身上衣,是一件一件毛衣。我还想到,有些同学接到妈妈寄来的包裹,打开一看,不是嫌妈妈打的样式不好,就是嫌毛线的颜色不对,他情愿上百货公司另外去买一件呢。

□唉,这不是比操场大甩卖更要伤父母的心吗?

○我有个同学,你猜他怎样解释这两句诗?他说慈母手中线,是做妈妈的天天在毛衣工厂里做工,游子身上衣,是工厂里发了工资,妈妈寄给女儿,女儿到百货公司去买衣服。

□他的想象力倒是很丰富的。不过,下一句是"临行密密缝",怎样解释这个"缝"呢?(○他说毛衣打好了也有一个"缝"的步骤。）还有"临行"呢，"临行"作何解释呢？（○这样他就不能自圆其说了。）我想他并不是认真解释这首诗，他是说着玩儿的。

○有些翻案文章，乍一看，真和说着玩儿差不多。你上次说，文人多半以竹比君子，有一首诗偏不以为然，它说竹子怎么会是君子呢，压力来了它就弯腰，压力从东边来它往西弯，压力从西边来它又往东弯。这话真好玩儿！

□对了，你提到翻案文章，更可以看出"立意"的重要。翻案就是立意相反。王安石读了孟尝君的传记，写出那篇很短的文章，他先立意，他要说孟尝君门下并没有"士"，真正的"士"不会到孟尝君那里去。

○立意是不是一定要翻案？

□当然不是。许地山的《落花生》，称赞落花生有各种美德，他并不是要翻案，他是找到了一个别人忽略了的角度。

○我很喜欢翻案文章。怎么没有人编一本书，叫"翻案文章观止"？

□这个书名很好，如果有这样一本书，学习作文的人看看，不懂怎样"立意"的人也就懂了。例如人人说韩信是汉初三杰之一,《随园诗话》记载,有位诗人偏要说韩信算什么人杰?他穷到没有饭吃,靠漂母救济,他后来虽然做了大官,却又被吕后杀了,这个人"穷不能自保,达不能自保",说是人杰,岂不可笑?写这首诗的人先立意认定韩信算不得人杰,下笔就容易发挥了。不过我再说一遍,立意不是"立异",不一定翻案,你说韩信是人杰,或者说韩信不是人杰,都是立意。翻案文章的立意特别突出,特别能刺激我们的注意,特别适于观摩,如此而已。

○你在《作文七巧》里面提到怎样记述人家的结婚典礼。

□那一段话偏重题材的选择。

○最近,我们的导师李老师结婚,邀我们全班同学观礼。国文老师事先通知我们,下星期的作文题目就是"李老师的婚礼"。我特别带了笔记本去,把材料记下来。(□你作文的成绩一定不错?)可是老师发作文簿的时候,说我写得不好。

□你记下来的材料是什么呢?

○我分四大类:第一类,人物;第二类,动作;第三类,声响;第四类,物件。(□人物不外乎新郎新娘,证婚人主婚人，男女傧相，各位来宾。此外还有什么人？）饭店的侍役，婚礼的招待员，花童，乐队，都是人物。（□物件呢？喜烛喜幛，餐具菜式，服饰化妆，还有？）那一串鞭炮特别长，我特别注意那串鞭炮。还有礼车，红毯，新娘捧的花球，新郎戴的戒指。（□你可真仔细啊。礼堂的声响，是些什么呢？）礼堂里充满了嗡嗡的声音，满屋子来宾自由交谈，中间夹杂着司仪唱礼的声音，证婚人致辞的声音，碗碟碰撞的声音，来宾鼓掌的声音。（□应该还有乐队奏乐的声音。）还有孩子哭闹的声音，鞭炮燃放的声音。

□你还记下了结婚典礼的动作，这一部分很重要。有没有特别精彩的地方？

○我记下他们一个一个就位，一个一个在证书上盖章，新娘新郎行了交拜礼，交换了饰物。新郎新娘退席的时候来宾用花炮"攻打"他们。然后是大家拉开椅子，开酒，上菜。

□你下了这么大的功夫，怎么会写不好？

○现在我知道了，我那篇作文没有"立意"。可是我应该立什么意呢？

□如果你不立意，你的材料是一盘散沙，而且每一颗沙粒都是死的。

○我到现在也不知道立什么意才好。

□既然是老师的婚礼,于情于理,你是道喜来的。你的心里应该很高兴。礼堂里的一切情形,都是热热闹闹,喜气洋洋,就算谁挤翻了桌子,谁家孩子在礼堂里撒了尿,也都能增添喜气。于情于理,你写的是一篇道喜的文章。这样,你的材料就活了。

○可是那天礼堂里实在太挤,冷气又不够,挤得大家出汗。新娘不守时,证婚人也不守时,典礼晚了两个钟头,我的肚子都饿扁了。偏偏证婚人喜欢演讲,长篇大论没个完,又听不清楚他在说什么,新郎新娘也很受罪。

□文章立意要出乎自然,不能勉强。你真实的感觉既然是这样,立意自又不同。中国人的婚礼到底应该怎样举行?用什么样的仪式?从前的拜天地是废除了,现在流行的一套并不恰当,有人用八个字来批评:不中不西,不伦不类。固然少数民族有他们传统的仪式,信奉宗教的人有他们专用的仪式,可是一般人呢?一般人占多数。如果你立的是这个意,尽管你记录的资料照样用得上,可是写出来的文章迥乎不同了。

○我喜欢这样写。

□你如果这样写了,新郎有什么感觉?他可是你的导师啊。于情于理,你又不便马上这样写。你只能把"立意"储存起来,留着以后再用。

○写结婚典礼,还有没有别的"立意"呢?

□我想一定有,我们以后随时留心。有一年,台北流行一种很短的裙子,叫"迷你裙",Mini,意思是最少最小。这种裙子太短了,成为大家争论的话题,报纸杂志上一共出现了五种意见。

○五种意见!我还以为无非是赞成和反对两种呢。

□赞成,反对,是两种最基本的反应。此外还有"有条件的赞成""有条件的反对"和"听其自然"。

○反对的理由我想得出来,有伤风化啦什么的。那赞成的人又怎么说呢?

□赞成的人说,女子有爱美的天性,她要穿就让她穿,女孩子穿迷你裙可以表现社会的青春活力。另外有些人说,迷你裙不是不能穿,要看什么样的人穿,如果体重两百磅,大腿小腿一般粗,你穿那么短的裙子干什么?(○说的也是。)还有人说,迷你裙可以穿,要看在什么场合穿。如果你是教师,你站在讲台上面对学生,你的服装就得朴素端庄，你的大腿再美，也不宜在那里展览。

〇有意思！赞成，反对，有条件赞成，有条件反对，都有了。你刚才说还有一种意见是听其自然？

□这一派的意见是，这种流行的玩意儿，好也罢，坏也罢，都不会长久，由它去，流行一阵子，像一阵风刮过去，就没事了。

〇可不是，现在很少看见迷你裙了。

第 八

○有一家杂志讨论"有我"和"无我",登了很多文章,您都看到了吧?(□看到了。)到底怎样写才是"有我",怎样写才是"无我"?

□你怎么忽然问起这个问题来了?要想一下子教你知道怎样写是"有我",怎样写是"无我",可不容易啊。有我之境和无我之境,是王静安先生在《人间词话》里提出来的术语,后人不知道写了多少文章加以发挥,这里头学问很大,有人说连静安先生举例都有不恰当的地方,你现在研讨这个问题不嫌太早吗?

○有我无我原来这么麻烦,听我们老师的口气,很轻松的嘛。(□老师是怎么说的呢?)老师教我们写"澄清湖游记"，他看了卷子以后批评我：你写成"澄清湖的风景"了。既然题目是"澄清湖游记"，文章里应该"有我"。

□原来是这样的呀，我明白了，老师说得很对，"澄清湖的风景"可以无我，"澄清湖游记"应该有我。有我，是你这个作者在文章里面，在澄清湖里面；无我，是你不在澄清湖里面，不在文章里面。

○既然写"澄清湖的风景"，怎会不在澄清湖里面？没去过澄清湖，怎写得出澄清湖的风景？

□所谓"不在里面"，是说看文章看不出来你在里面。比方那些观光导游的小册子，介绍各地的名胜古迹，写这本小册子的人也许都去游览过了，但是文章里并没有他的影子。

○观光导游的小册子是怎么写的？我没见过。

□你读过地理。地理课本一个国家一个国家地写，世界各国都写遍了，可是写课本的人在哪里？你从课本上能看出来吗？（○不能。）这种情形也可以算是无我。

○难道我们写文章可以像写地理课本一样？

□这是个"进一步"的问题。如果把所有的文章分成有我、无我两大类，地理课本是在无我的一类。如果把范围缩小，只提出国文课本来观察，国文课本里的文章，也可以分成有我和无我。

○每一篇文章都不是有我就是无我？

□甚至每一句话都可能有我或者无我。"澄清湖四周都是花圃"，无我；"我在澄清湖边看花"，有我。（○我很想在澄清湖里划船。）有我。（○我们在澄清湖畔一棵大柳树底下休息。）有我。（○我看见湖里的荷花，想起老残在大明湖里摘莲蓬吃，嘴里好馋。）有我！

○有我无我，分别全在文章里有没有"我"这个字？

□写"澄清湖游记"这个题目的时候，是如此，你只要加上一个"我"字，并且始终不离开这个"我"字，整篇文章的面目精神就不同了。"澄清湖游记"是写你在澄清湖看到的风景，不是澄清湖有什么风景。澄清湖里有鱼，你没看见，鱼就不重要。那棵柳树并不重要，但是你在树下休息，它就重要了。

○字面上"没有我"，实际上"有我"，这种句子又是什么样子？

□岳飞"八千里路云和月"，这个句子里就"有我"。（○为什么？）你看，天上的云月，地上的道路，两者本来没有关联,谁把它们组织到一起来了?当然是"我",道路之上,云月之下,有一个作者。这位作者的八千里长征,云和月给他的感受最深,换一个作者,也许没有这种感受。李贺说"天若有情天亦老",有我,王思衍先生说"有情天不老",也有我,两个句子里有两个不同的"我"。

○两个不同的我?怎么我看像是两个不同的"天"?

□两个诗人头上顶着的是一块天。不是天不同,是诗人的眼睛不同,感受不同,是"诗心"不同。我从前讲过一个故事,老师出题目要大家作文,题目是"我家的狗"。

○这个故事我知道。弟兄俩都在这个班上,哥哥作好了,弟弟照抄一遍。老师发觉抄袭,就问弟弟:你的作文怎么和你哥哥的作文完全相同?弟弟连忙回答:我家只有一条狗啊!

□不错,家里只有一条狗,可是有两兄弟。哥哥眼里的狗并不等于弟弟眼里的狗。为什么?因为"有我",这个"我",哥哥写狗的文章里有哥哥,弟弟写狗的文章里有弟弟。狗也许等于狗,哥哥加狗绝不等于弟弟加狗。

○弟弟怎么把自己加进去呢?

□虽然家里只有一只狗,这只狗见了哥哥就摇尾巴,见了弟弟就舔弟弟的手。哥哥带这只狗去钓鱼,弟弟带这只狗跑步。弟兄俩练习棒球,一个当投手,一个当打击手,狗就在旁边等着替他们捡球,把球衔回来交给投手。这弟兄俩跟狗的关系不同,写成文章自然也不同。这是"有我"的好处。如果把"我"抽出来,只剩下狗,哥哥弟弟都不必再写什么,翻开动物学看看就行了。

〇经你这样一说,道理倒也很浅显,我写澄清湖游记的时候怎么忽略了呢?

□我从前也犯过这个毛病。这又有个故事,有一伙人结伴去游泳,他们一共十个。太阳下山,大家该回家了,他们上了岸,清点人数只有九个。大家着了慌,怎么少了一个人,这个人难道淹死了吗?

〇这个故事我也听说过,他们清点人数,你数一遍,他数一遍,都忘了连自己计算在内。

□对了,这也是许多人作文的时候常有的毛病,把自己忘了。

〇这么说,写文章只要有我就好了,为什么还有"无我"呢?

□写文章,难就难在这里,易也易在这里,它没有绝对的金科玉律，常常是这样也行，那样也行。

○你不是说，写"澄清湖游记"一定得有我吗？

□如果你写论说文，那又最好无我。这又有一个故事。传说从前乡下有个新媳妇，很受婆婆和丈夫疼爱。丈夫进城，顺便替她买了一面镜子。第二天，丈夫又出门去了，她想起丈夫由城里带回来的东西，打开一看，里面是个年轻漂亮的小妇人。这可不得了，原来丈夫由城里带回来一个女人藏在家里，真没良心！一时悲从中来，哭哭啼啼拿着镜子到婆婆屋里告状。婆婆听了，半信半疑，从媳妇手里接过镜子一看，笑出声来。她对媳妇说："这么大年纪的老太婆，我看快要进棺材了，你怕她做什么？"

○这个故事合理吗？乡下人也不会连镜子都没见过呀。

□这是一个笑话，在民间流传很久了，既然能流传，一定有道理。（○有什么道理呢？）它有象征的意义。人，应该把自己除外的时候，不要忘了把自己除外，要不然，事情就要糟糕。有些同学在写论说文的时候犯了这个毛病，把他自己搅在里头。

○为什么不行？论说文不是写自己的意见吗？

□论说文是写许多人共同的意见，或者是大家都能接受的意见。（○许多人共同的意见？那不成了人云亦云嘛！）共同的意见是人同此心，心同此理，可是他们说不出来，或者不能像你说得这样好。（○大家都能接受的意见？那跟迎合大众有什么区别？）恰恰相反，这是说大众需要这种意见，可是他们还没想到，你领先一步。

　　○原来是这个样子！怪不得人家说某人是大众的喉舌，（□也叫代言人。）人家说某人是先知先觉。（□也叫启蒙的导师。）可是这跟我们作文有什么关系啊？

　　□你写论说文，和教授在报上写社论，用的是同样的规则。打个比喻，你下象棋，国手在国际比赛中下象棋，都是马走日象走田。

　　○个人的意见，和众人能够接受的意见，二者到底有多大分别，请你再说清楚一些。

　　□个人意见如果是个人的偏见，如果出于个人的感情、个人的利害、个人的嗜欲，那就是在论说文中应该去除的"我"。（○这个"我"，在抒情文、记叙文里不碍事？）它在抒情文、记叙文里多半不会碍事。再说一个故事吧，有一部电影，描写古希腊时代的一群奴隶，集体造反争取自由，最后大家冲到半岛南端的海岸，按照预定的计划，第二天会有船来接应，他们可以各自回家。这天晚上大家心情兴奋，一面痛饮，一面争论哪里出产的酒最好。最后他们的领袖举起酒杯来止息了纷争，他说：最好的酒出在自己的家乡！

○最好的酒出在自己的家乡？

□月是故乡明。最好的酒出在我的家乡。如果我提出这样的论点，你能接受吗？（○恐怕不行。）这就不是众人都能接受的意见。"最好的酒出在自己的家乡"可以入诗，不能立论。

○个人的意见要怎样才会成为公众可以接受的意见呢？

□我现在提出一种意见，我说现在老鼠太多了，每年糟蹋几万吨粮食，养猫捕鼠，猫也是人的一大负担，我主张人吃鼠肉。（○人吃老鼠？怎么咽得下去？）也许我咽得下去，但是靠我一个人怎么成？除非吃老鼠和吃田鸡一样，能上千家万户的饭桌。这也并非完全没有希望，如果：第一，发明一种烹调方法，使鼠肉成为美味；第二，卫生机构再三检验，证明鼠肉对人体只有益处没有害处；第三，发明最简易、最有效的捕鼠方法。如果具备这三个条件，加上慢慢地宣传，慢慢地推广，那就大有可为。

○这太难了，咱们还是抒情记叙，让它有我吧。

□单就这方面说，议论文比较难一些。

○抒情文虽然可以"有我"，我爱吃老鼠肉恐怕还是不行。

□我曾经读到一篇文章，作者说他喜欢养蛇，他家客厅的沙发上都是蛇。

○这个嗜好太可怕了。这种文章怎么登得出来？

□他又不劝你也养蛇。有这么一篇文章，让你知道世上有这么一种人，也是增广见闻。

○你说写作没有绝对的金科玉律。抒情记事能不能也来个"无我"？

□这个问题好极了。中国文学作品里有一类叫"托物"，例如身世飘零的文人，写柳絮，写浮萍，从字面上看，句句是柳絮，是浮萍，没写他自己，其实呢，他句句在写自己，他是用浮萍用柳絮代替他。中国文学作品里还有一类叫"怀古"，例如一个怀才不遇的文人写屈原，借着屈原发牢骚，字面上也只有屈原，没有作者。这种写法也是"无我"。

○连抒情都可以无我，那么叙事更可以了？

□游记应该有我,说故事多半无我。小说基本上是说故事,是叙事,中国从前的章回小说,作者偶然跳出来讲几句话,叫一句列位看官,如何如何,现代的小说已经不用这个办法。

○第一人称的小说,不是用"我"来叙述吗?

□第一人称小说里的"我"不是作者,是小说里的一个人物。"我"可能是个小女孩,而作者可能是个大男人。"我"可能是个小偷,而作者可能是个牧师。

○听来听去,好像是"无我"的作品比"有我"的作品多。

□我也有这个印象,可是没人统计过。

○好像是,"无我"的作品,也比"有我"的作品难。

□技巧比较复杂。

○我们写作,是不是由"有我"开始,慢慢进入"无我"呢?

□有些作家是这个样子。

○我明白了。

□不过我还得提醒你,我们谈的有我无我,和文学家在杂志上谈的有我无我并不一样,将来有一天,你得准备接纳他们的说法。

○我希望这一天快点儿来到。

第九

○你以前说过,学习写论说文的人,要注意听人家怎样吵架。

□我这样说过吗?谢谢你有这么好的记性,我自己倒想不起来了。

○你的意见改变了吗?现在,你认为吵架对论说文有没有帮助?

□当然有帮助。吵架里头有文章。对我们来说,世上处处有文章,落花水面皆文章。(○好鸟枝头亦朋友?)我们不需要对仗:好鸟枝头亦文章!

○昨天,我听邻居吵架,很有意思。一位李叔叔抱怨周伯伯不好,他说老周啊,你可害苦我了。你告诉我王寿夫是个好人，我相信你的话，借了一笔钱给他，他现在说我没借钱给他，拉长了脸，不认账了。那位周伯伯说，我没骗你呀，王寿夫这个人很好。她太太的腿跌断了，行动很不方便，老王常常推着轮椅带她散步，太太要串门子，也是他管接管送。有时候太太发脾气，对他又打又骂，他也很能忍耐。

□这两个人吵架，对你有什么启发没有？

○我觉得他们俩讲出来的是两件事情，不是一件事情，一个讲的是对朋友的信用，一个讲的是对妻子的爱心。

□你很有见地，这两个人对"好人"的定义不同，一个认为"好人是对朋友守信用的人"，另一个认为"好人是能体谅妻子的人"，结果发生了这一场误会。当初你那位李叔叔听人家说"王寿夫是好人"的时候，应该问一句：你所谓好人是什么意思呢？你那位周伯伯说"王寿夫是好人"的时候，也该先注明什么样的人算是好人。

○这跟我写论说文好像有点关系。昨天，父亲教我念韩愈的《原道》，韩愈一开头就说：博爱之谓仁，行而宜之之谓义，由是而之焉之谓道，足乎己无待乎外之谓德。我一看，这个办法好哇！

□有些题目,你得会下定义才作得出来。我小时候读过几年私塾,开蒙第一本教科书是《三字经》,《三字经》第一行是"人之初,性本善"。读完《三字经》读《百家姓》,以后是《千字文》《千家诗》,这就是《老残游记》所说的"三百千千"。有一天,天气很热,我们正在念书,院子里来了个卖樱桃的,大家一看见樱桃,琅琅书声马上低下来了。就在这时候,我们族里的一位长辈拄着拐杖来了,他大概是先跟老师寒暄了一番,然后就向我们全体学生提出一个问题来,他问"人之初,性本善"是什么意思?谁能讲得出来?他说,谁能讲给他听,他就把院子里的一担樱桃全买下来,放在学屋里给大家吃。可是没人讲得出来。念过"三百千千"的我讲不出来,念过《论语》《孟子》的那些学长也讲不出来。现在回想起来,我们的困难是不知道什么是"初",什么是"性",什么是"善",如果我们知道这三个字的定义,就能讲出一番道理来。

○这三个字,给"性"下定义最难。"初"和"善"比较容易。

□这三个字又以"性"最为重要,这个字讲不清楚,整句的意思也就很难清楚。

○下定义很难吗？

□我们都不是下定义的人，我们是接受定义的人，有时候我们可以做一个选择定义的人。

○选择定义应该很容易？

□也不见得，像"人之初"的"初"字就有歧义。有一部电影叫《人之初》，内容是人怎样在母胎之内形成，怎样生出来，初生的婴儿是怎样生活的，这是一种"初"。另外，我们管几万年以前的人类叫初民，他们过的是原始生活，这又是一种"初"。还有，他是现代人，他已经三十岁四十岁了，他的心思很复杂，每一个决定都转了七八个弯儿，可是他心意初动之时，他的第一个念头，他不知不觉自然而然冒出来的那一闪灵光总是善良的，这又是一种"初"。

○韩愈在《原道》里声明老子有老子的"道"，他有他的"道"，他的道是尧舜禹汤文武周公孔孟一脉相承的道，跟老子的道不同。既然彼此不同，为什么都叫"道"呢，换个名称不就省事了吗？

□议论文使用的语文，比抒情记叙要抽象得多。你知道"抽象"的意思吗？

○我记得你说过，一把椅子只是椅子，一张床只是一张床，床和椅子合起来叫木器，木器比椅子抽象；木器和藤制的书架、铝制的书桌合起来叫家具，家具又比木器抽象；家具加上房子、地皮、股票，叫财产，财产又比家具抽象；比财产更抽象的，是物质；比物资更抽象的，是存在。

□好记性！想必你早已知道，一个词越抽象，它包含的内容越多，你没法子一望而知它到底包括些什么，"财产"，到底是椅子还是股票？想必你也早已发觉，越抽象，你能使用的词越少，一个"财产"，把椅子桌子房子股票都包括了，椅子桌子房子股票都不必细说了。说理，尤其是说高级抽象的理，只有很少的字可用，有时候，两个哲学家辩论，就像是互相抢着用字。

○韩愈想从老子手里把"道"抢过来。

□理论家抢着用"道"，抢着用"真善美"，抢着用"正义""真理"，看字面好像是一家人，实际上呢，南辕北辙！你只有请他下定义，才知道他的意思。如果你是跟人家辩论，你对"正义""真理"怎么驳？你只能驳他的定义。

○为什么不能驳"正义"，却能驳正义的定义呢？

□你看，"下定义"，这里有个"下"字，"下"，就是比较落实，比较具体，就是降低了抽象的层次。这么一来，那个抽象名词的包容性没那么大了，涵盖面没那么广了，可能露出破绽来了，你就有了机会。

○我想起伤心事来了。去年我们学校举行辩论会，我们这一队就输在定义上。(□辩论的题目是什么？)题目是文学作品的技巧重要还是主题重要。(□你们这一队？)我们这一队的立场是技巧重要。本来我们占上风，因为我们队上好手很多。

□你们给技巧下了个什么样的定义？

○我们自己没给技巧下定义，对方替我们下了个定义。对方说，技巧是什么？技巧是把主题圆满地表现出来的能力，可见技巧是为主题服务，主题比技巧重要。(□你们是怎样反击的呢？)我们一听，觉得大事不好，仓促之间又想不出更好的定义来，没办法推翻他们下的定义。

□他们替你们下定义，你们也可以替他们下定义。(○这倒没有想到。)你们替主题下个定义，反击过去。你想，主题是什么？主题是作家的思想。要谈思想，那要哲学家才出色当行。所有的文学作品，它的思想，都可以在哲学里找到，而且由哲学家讲出来更周密、更深刻。人们为什么有了哲学还要文学呢？人们为什么不去读佛经算了还要看《红楼梦》呢？因为文学有文学的技巧，有表现的过程，没有这个表现的过程，不成其为文学。

○对，如果这样反击过去，至少可以打个平手。

□辩论，有时候像是"定义游戏"。古希腊有一个出名的例子。到底什么是勇敢？勇敢是作战不退。可是，如果长官下令退却呢？

○是啊，上面有命令退却，当然大家都得服从命令，难道这样一来全体将士都不勇敢了？

□这就是从定义里找出弱点来。补救的办法，可以从"退却"的定义入手。退却也是作战，退却是战争行为的一部分，攻击、防御、退却，都是作战。退却退得好，全师而还，照样可以得勋章。（○退却也需要勇气。）可不是。战争史上，也有上面叫他退却，他缩在阵地里不敢退却的将军。

○上历史课的时候，老师讲过，第二次世界大战期间英军从一个叫敦刻尔克的港口撤退，非常成功，英国人并不觉得那次撤退是耻辱，别人都说那是英军的光荣。

□三国时代，诸葛亮六出祁山，六次撤退，每次撤退都很成功，所以诸葛亮除了是政治家以外，也会用兵。

○你不止一次担任辩论会的评判，多谈一些辩论技巧好不好?

□我不是这方面的专家,即使请专家来讲辩驳方法一百种,也一下子记不住,你先把这个下定义的方法消化了,写论说文的时候多半用得上。"什么是勇敢?勇敢是作战不退。——要是长官下令退却呢?"你把这三句话当作三段式,来个练习怎么样?

○我想想看。"什么是正直?正直就是不讲情面,只论是非。——要是他的父亲偷了人家的羊,失主要他作证呢?"(□很好,再来一个。)"什么是上进?上进就是让上司给你更大的责任,要你做更多的表现。——要是你必须拍马吹牛呢?"

□太好了!触类旁通,闻一知十。

○说真的,我是听同学抬杠听来的,现在忽然想起来了。

□听人讲话比自己发言有意思,做作家的人要"好好地听话"。有一次,我听见两个人在那儿谈论军事训练,甲说军事训练是"死亡训练",训练的目的是把人送进枪林弹雨,马革裹尸。乙一直摆手说错了错了,军事训练的重心是怎样避免伤亡。

○听起来两边都有道理,你是受过军事训练的吧,他们两个究竟谁对？

□我举两个例子你自己判断吧。现在你坐在那里，我坐在你的对面，你正面朝我，我正面朝你，如果从你的左肩到右肩画一条线，把这条线延长下去，从我的左肩到右肩也画一条线延长下去，这两条线大致平行。军事训练教我们面对敌人阵地的时候不要这样，我们的姿势要稍稍偏一点儿，如果敌人的阵地是一条横线，我两肩延长出来的那条线会和敌人的阵地相交，角度大概是十五度到三十度。（○为什么要这样？）因为我由左肩到右肩的宽度大约是五十公分，在这五十公分之内有子弹射过来都可能打中我。如果我的姿势有个角度，我的宽度就不是五十公分了，宽度也许只有三十五公分，只有这三十五公分以内的子弹才会打中我，这就减少了中弹的可能。

○原来军训是这么细致的一种训练呀。

□受军训的人都苦练过卧倒——伏在地上，为什么要伏在地上？也是为了自己的安全。你本来是站在那里，"卧倒"教你先跪下，然后上身前倾，左手先着地，然后左肘着地，左臂着地，侧着卧下去，然后两腿向后伸直，一翻身贴在地上。为什么要有这种训练呢？因为一个人由站姿到卧姿,这样卧下去最快,不会擦破摔伤,而卧姿最不容易被敌人击中。

○这样看,军事训练的确可以减少伤亡。

□我刚才介绍过"三段式",你能不能把甲方和乙方对军事训练的争论照那个形式写出来?

○我试试看:"你说死亡训练是什么意思?因为受完训练就要开上火线。——要是未经训练就开上去呢?"

□圣人说过:"以不教民战,是谓弃之。"

○你先教我使用定义,后教我攻破定义,这不是以子之矛攻子之盾吗?

□不错,你要有最坚固的盾,也要有最锐利的矛。至于说"以子之矛攻子之盾,则何如?",这个问题并不存在,你的矛是刺在"敌人"的盾牌上,不是刺在自己的盾牌上;你是用盾牌抵挡"敌人"的矛,不是抵挡自己的矛。

○敌人的武器和我的武器都是一个兵工厂的出品啊。

□没有关系,还有"膂力""士气""才能",是兵工厂造不出来的。那个人兜售"最锐利的矛和最坚固的盾",碰上了"以子之矛攻子之盾"的质问,应该有话可说,无须默然而退。

第十

○我刚刚写好一篇论说文，劝大家好好练习毛笔字。我认为，会写毛笔字的人一天比一天少，将来有一天写毛笔字会成为稀有的专门技术，光凭写字可以赚大钱出大名。你看这样写行不行？

□行！审题和立意都做到了。我很赞成你的意见，我希望中国人都会用筷子，都能用毛笔，也都能操作电脑。筷子、毛笔、电脑，代表一个理想的中国人。

○用筷子应该没有问题。

□那些飘零在外的"小留学生"，大都渐渐地不会用筷子了。

○你是说他们呀，他们大概也不会用毛笔了。

□他们倒是老早学会了用电脑。

○报纸上说,电脑可能代替今天的笔,包括钢笔、铅笔和原子笔,当然也就代替了打字机。

□到那一天,谁能写一手很好的毛笔字,谁不就是国宝了吗?到处有人用八抬大轿抬着你去写字!写到老年,政府准会给他一枚勋章。

○这么说,我那篇文章写得不赖?(□不赖!)还有什么缺点没有?有什么应该改进的地方没有?

□你可真是虚心好学,没忘了层楼更上。你既然精益求精,我也就吹毛求疵。缺点,不能说没有,刚才咱们两个谈毛笔字的前途,采用"单线推论"的方式,这个方式有弱点。(○什么叫单线推论?)什么是推论,我想你早已知道了。

○推论、推测、推演,都是一步一步地找出来,一步一步地做出来。可是这个单线推论?

□世界上的事都是纵横交错,互相影响,并不是一条路走到天黑,而是随时可能转弯儿,随时可能有变化。想当年鹬蚌相持,一个说"今日不雨,明日不雨,必有死蚌",一个说"今日不出,明日不出,必有死鹬"。这两个家伙都是单线推论，它们忘了世界上有渔翁，渔翁是个很大的变数，渔翁一出现，什么都变了！

○鹬蚌相持的时候，如果能想到渔翁就好了！

□还得想到海滩上可能有游人，还得想想今天是初几了，夜里会不会涨潮。（○它们全没想到。我当初读这个故事的时候，也没想到。）这也难怪，单线推论能够引人入胜。据专家说，我们虽然有两只眼睛，使用的时候却偏赖其中的一只，通常我们是用一只眼睛在那里看东西，另外一只无关紧要。遗传学有一条定律叫"用进废退"，人的器官越用越发达，不用就退化，于是有人推论将来有一天人类只有一只眼睛，另外一只退化了，消失了。

○人人都是独眼龙？哇！

□据说到那一天，人的审美观念也变了，一只眼睛才好看，两只眼睛不好看，如果有谁"不幸"生了两只眼睛，得用整形手术填上一只，只留一只。

○这个说法真滑稽！真有趣！

□我再说一个既不滑稽也不有趣的。秦朝是一个中央集权的朝代，中央十分孤立。刘邦革命成功以后，认为一个孤立的中央很容易被人推翻，就叫他们姓刘的子弟一个一个裂土为侯,给他们军事经济的大权,叫他们保卫中央,后来呢,诸侯造反!宋太祖见五代的藩镇尾大不掉,皇帝管不了他们,他们有时候还要管管皇帝,那怎么行,他就把各地封疆大吏的兵权都夺了,以为这样可以高枕无忧,哪知道招来了连绵不断的边患,终于亡给了北方的少数民族。

○做皇帝的人,头脑怎么这样简单?

□汉朝宋朝的开国之君,已经算是深谋远虑了。

○一个国家到底怎样才会长治久安呢?

□怎么,我们准备参加高等文官考试吗?

○唉,推论毛笔字的前途,应该补进去哪些变数呢?

□我想,提倡书法是很必要的,总得有很多很多人爱写毛笔字,那写得最好的人才会受到社会的尊敬,如果全国只有一个人会写毛笔字,这个人的社会地位又怎么奠定呢?当然,"只有一个人会写毛笔字",这句话也太"单线推论"了。还有,你有没有发觉,今天的社会不像百年前的社会那样依赖书法家,例如商店的招牌,已经不一定由书法家来写。如果将来社会上没有书法家,社会也可以不需要书法家。当然,这又近乎单线推论了。

○推论好像很容易弄成单线？

□避免单线的方法是把一条条单线搜集起来加减乘除。不过这样内容就复杂了，作文不是毕业论文，不能长，内容也就不能复杂，一复杂，就变成大纲了。

○这么说，单线推论又是不可避免的了？

□只要你不把它推到极端。（○什么是极端？）推论人类将来只有一只眼睛，就是极端。推论本是要建立主张，可是推到极端，你反而崩溃了。

○我想起你在《作文七巧》里写下一段话。你写的是：十个工人可以用三十天盖好一间房子，二十个工人可以十五天完工，那么，四十个工人只要七天半？四千名工人只要两小时？两小时当然不能盖好那样一座房子。你写这段话的时候，心里早就在盘算直线推理推到极端的后果了。

□你还可以推论下去，八千个工人只要一个小时。

○四十八万个工人只要一秒钟？哈哈！

□还有一个故事，我早想讲出来。话说当年有个老财主，请先生教他孙子念书，由春天教到秋天，老财主拄着拐杖带着账房到学屋里去考核孙子的功课。老先生拿拐杖往地上一画，问："这是什么字？"孙子回答是"一"。他爷爷举起拐杖再画一道，问是什么字？他回答是"二"。爷爷狠狠地再画一道，孙子说是"三"。老财主很高兴，认为孙子识字了，可以不必再上学了，当场辞退了教书的先生。然后他对账房说，以后由我的孙子记账好了，他把账房也辞退了。

○这个老财主以为孙子认得三个字就认得所有的字，他用直线推理推到了极端，是不是？

□故事的主角不是他，是那个孩子。秋后，各地的佃户大车小车运送粮食到老财主家交租——那个时代是由佃农替地主种田——在门外大街上排成长龙等孙少爷入账，来得最早的一个佃户姓万，叫万三，他排第一名，可是他由早晨等到中午，肚子都饿扁了，那孩子还没有把他这一笔账做好。

○这是什么道理？

□谁也不敢进去催问，都不知道什么道理，外面的人只听见孙少爷嫌纸不够用，不断地叫人送纸。后来老财主忍不住，亲自走进去察看，只见孙子弄得两手墨汁，满地是纸。爷爷问记好了没有，他说："还早，现在才八千画儿呢！"

○不得了,人叫万三,他就得画一万三千画啊?好奇怪,他怎么会有这种想法?

□直线推理嘛!一画是一,二画是二,画一万下才是万,不是很合理?

○一,画一横,二,画两横,三,画三横,可是到了四就不画四横了,五就不画五横了,人没有那么笨,人会想出更省事的办法来。

□如果推理推到"四"要在"三"上面加一根横线,也还大致可以成立,书法家写篆字写到"四",有时就是这个形状。如果说"万"也得画出一万条横线来,那就太可怕了,推理推到这个程度,是把自己的"理"推倒了。

○《作文七巧》引用韩愈的"大凡物不得其平则鸣",顺便提了一笔,说是有人驳他"飞蝶无语",难道也是"平"?这个"飞蝶无语",恐怕也是直线推论推到极端找出来的毛病吧。

□沿着直线向极端推论,你可以从许多人的话里挑出毛病来。例如当年有好多位学者讨论什么是自由,那提倡自由的人给自由下了个定义,说"自由"就是"由自","一切由着他自己"。

○由着他自己？由着他自己？

□什么地方不妥当？

○说不出来。可是，由着他自己？

□有人就提出反驳：怎么可以由他自己？学生"由自"，谁还上课？士兵"由自"，谁还打仗？官吏"由自"，谁不贪污？怎么可以"由自"？

○这下子击中要害了。

□这个攻击的方法，就是把对方的定义直线向极端推论，使它站不稳、倒下来。

○干吗要弄得它倒下来？

□议论文有破有立，所谓"破"，就是推翻别人的主张。

○所谓"立"，是建立自己的主张？（□不错。）那就各说各话好了？

□有时候行，有时候不行，因为议论文多半有攻击性，有排他性。

○人家说自由就是"由自"，并没主张罢课贪污，要是硬给人加上去，不是蛮不讲理吗？

□唉，我只好说，把自由解释成"由自"，也太不谨严、太简化了自由，使人家有机会把你推到牛角尖里去。

○要"破",难道没有更好的办法?

□有。《古文观止》选了韩愈几篇文章,有一篇叫《讳辩》。当年韩愈劝李贺去考进士,李贺不但考取了进士,还成了很出名的进士,于是有人攻击他,这些人认为,李贺的父亲叫晋肃,有个"晋"字,李贺怎么能做进士?父亲是李晋肃,儿子是李进士,这不是犯了父亲的名讳了吗?——犯讳,你明白吧?(○我明白。)韩愈对这种论调不以为然,写了一篇文章驳斥他们,韩愈说,孔子的母亲叫徵在,孔子只避免同时连用"徵"和"在"两个字,单用"徵"或是单用"在",他都不避讳。韩愈说文王名昌,武王名发,但周公作诗并不避讳"昌"字和"发"字。他说周康王的名字叫钊,他的儿子做了皇帝,就叫昭王。他举了很多例子,证明晋肃的儿子做进士不算犯讳。

○对,这样反驳才是义正词严。

□可是韩愈到底还是多用了一种武器,他问对方,李晋肃的儿子不能做进士,如果父亲叫"仁",儿子还能不能做"人"?

○这就把对方逼到牛角尖里去了。

□对方没有办法说"不",只有承认"仁"的儿子可以做"人",那么也就不能反对"晋肃"的儿子做进士。

○看起来,用单线推论来"立",不大管用,用这个方法来"破",倒是很有威力!

□韩愈到底是大家,先是引经据典堂堂正正地驳倒对方,然后突然从侧面插进奇兵:"若父名仁,子不得为人乎?"这就显得锋利、冷峭。如果没有正面作战的那一套,单凭抓住对方一句话向极端推论,文章就单薄了。这种朝极端推论的办法,你可以不用,但是不可不会。

○既然不用,又何必要会?

□第一,你要防备人家使用。(○是。)第二,你心里存着这种方法,可以检查自己的文章,别让人家替你推论出一条尾巴来。(○这可很难!)第三,在辩论会上,万一人家用了这个办法,你既没有韩愈那么大学问,又不能束手待毙……

○唉,我看论说文哪,麻烦!(□麻烦!)自己写篇抒情文,不碍别人的事,别人也碍不着我,有多好!可是老师出题目总是出议论文!

□写议论文是入世的训练,抒情文是出世的训练,抒情文为己,议论文为人,抒情文独善其身,议论文兼善天下。

○这么说，抒情不如议论？

□非也，两者如车之两轮，鸟之两翼。两者又好比人的左右手，有人左手比较发达，可是最好也有右手，你我的习惯是偏用右手，可是最好也有左手。

○那么，我们左手抒情，右手议论。

□或者右手抒情，左手议论，也行。

第十一

□苛政猛于虎的故事,你还记得吧?

○记得,第一句是"孔子过泰山侧"——

□泰山旁边有老虎出没,把一个妇人的丈夫吃了,把她的孩子又吃了,可是那妇人还不肯搬家,什么原因呢?因为当地无苛政。这"无苛政"三个字真是简洁,让人看了像听到一声迅雷。

○我怎么没有这个感觉呢,老虎快把她一家人吃光了,她居然不搬家,不逃命,"无苛政"三字怎么能算是充足的理由呢?

□那是因为你年纪轻,不知道到底什么是苛政。孔夫子周游列国,考察政情,深知民间疾苦,他一听到"无苛政",

马上就明白了。他不必再问任何问题,就告诉弟子:"小子志之,苛政猛于虎也。"

○苛政怎么会这么可怕,苛政究竟是什么样子?

□柳宗元有篇文章,叫《捕蛇者说》。(○我知道,这篇文章我见过。)这篇文章是说"苛政猛于蛇",苛政两个字到他手里就具体得多了。你记得不记得那个捕蛇的人怎么说?(○他好像说,收税的差役到了乡下凶恶得很,那些句子我是不记得了。)他说"悍吏之来吾乡,叫嚣乎东西,隳突乎南北,哗然而骇者,虽鸡狗不得宁焉"。我们不必背诵原来的句子,只要引述他的大意。你想想看。"捕蛇者说"是怎么写的?

○他说"永州之野产异蛇",这种蛇奇毒,它爬过的地方连草木都活不了,但是这种蛇的肉可以入药,是治大麻风少不了的药引子。(□以毒攻毒!)太医需要蛇肉来配药治病,政府就定下办法,永州的老百姓可以用蛇抵税。有一个人世代以捕蛇为业,(□他每年到了缴税的时候就缴一条蛇。)他家里有几个人被蛇咬死了。(□死的是他的祖父和他的父亲,他自己也有好几次差一点送命。)柳宗元劝他改业,(□柳宗元问他要不要改变一下,以后别捕蛇了,和别人一样缴税。)那人马上流下眼泪来说不行。

□好,下面柳宗元就描写当地老百姓的苦况。捕蛇者三代住在永州,从前和他祖父同时住在这里的人家,十家之中剩不下一家了,和他父亲同时住在这里的人家,十家之中只剩下两三家了,和他自己同住在这里的,十家之中于今不到四五家了。那些家庭都哪里去了?"号呼而转徙,饥渴而顿踣,触风雨,犯寒暑,呼嘘毒疠,往往而死者相藉也。"为什么呢,税太重了,官府催税催得太凶了,老百姓活不下去。那捕蛇者说,即使我明天被蛇咬死,我也比别人活得久,比别人活得舒服。

○写得好!写得好!文章应该这样写是不是?

□柳宗元的"苛政猛于蛇",是从"苛政猛于虎"发展出来的,那"苛政"两个字,到了柳宗元笔下,放大成一大段文章。泰山侧的妇人只说了三个字,柳宗元的捕蛇者说了多少字?由他汪然出涕算起,一共两百二十多个字,我们要注意的,就是他把"苛政"放大成两百多字。

○我喜欢柳宗元的写法,一句"无苛政"毕竟太简单,不够味儿,不过瘾。他的这种写法,我也可以学吗?

□当然可以。(○要怎样做呢?)这个办法可以称之为

"放大术"。(○放大?)你看,虽然两个字变成两百多字,也只是把"苛政"两个字放大了,说来说去不离开苛政的范围,只不过是苛政更明显、更惹人注意了。

○这个"放大",有什么具体的方法没有?

□写剧本的人管这种方法叫"吹",这个"吹"字,比放大更容易领悟。(○吹?吹牛的吹?)是吹气球的"吹"。你把气球吹胀了,吹大了,气球还是气球,你吹进去的气都在气球的范围之内。

○吹?……怎么吹?

□以《桃花源记》为例,渔人进了桃源以后,住在桃源里的人"见渔人,乃大惊,问所从来,具答之"。然后又"问今是何世,乃不知有汉,无论魏晋"。寥寥几笔,也是简洁得很。近代有人用七律的体裁加以发挥,有一首是:"渔舟误入港三叉,屋舍俨然笑语哗。洞口桑麻传几代?"(○这句问得有意思,我每逢看见大树,总是忍不住要想:这棵树什么时候种的?多少年了?)庭前鸡犬属谁家?(○对,对,我们到亲戚家去,看见亲戚门口一群鸭子,当时就曾经问他:这是你们家的鸭子吗?)田园岂植灵芝草?(○这一句的意思是?)世外桃源不是仙境吗,仙境应该有灵芝草是不是？下一句是两岸何多碧桃花？（○对，对，我也有这个疑问，人家写世外仙境，多半写松柏参天，陶渊明写的是一望无垠的桃花林，我也奇怪。）借问村翁示一二，快聆高论舌粲花。

○桃源里的人怎么回答？

□他没有针对这些问题把答案一条一条写出来。他另外有一首诗，替桃源里的人出了几个题目问渔人。这首诗是：自从携眷入花汀，世外珍闻绝耳听。徐福求仙可返境？（○徐福带着五百童男五百童女出海求仙，那可是当时的大新闻！）蒙恬鹤寿到遐龄？（○名将蒙恬，早叫赵高、李斯给害死了，老百姓还指望他长寿呢。）老百姓还关心万里长城修好了没有：长城万里民苦役？老百姓还关心愚民政策推行到什么程度了：竹简烧残谁识丁？下面是结束：愿借清谈告消息，人间掌故要细聆。

○那渔人又是怎么回答的呢？

□我也没看见渔人的回答。也许写诗的人认为不需要回答，单是这些问题就很有意思了。

○对，对，很有意思。陶渊明先生当初为什么不这样写呢？

□我们没有理由问这个问题。陶渊明的《桃花源记》是一等一的好文章,家语记载孔子过泰山侧那一段也是一等一的好文章——至少也是一等二的好文章。刚才我举这两个例子给你听,仅仅是说怎样使题材膨胀,让许多细节呈现出来。这跟文章的好坏没有绝对的关系。

○没有"绝对"的关系?是不是有时候也有关系?是不是过于简略也不一定好?

□当然,"简洁"好,"简略"不一定好。像"孔子过泰山侧"那样的文章,后人尊之为"简古",简古又和简洁、简略都不相同。

○把题材"吹"起来之后,还要不要简洁?

□当然要。不过用这种笼统的词语来说明写作技巧是有困难的,我们还是探讨实例。"苛政"由两个字演成两百多字,是一个例子,武陵人和渔人之间本来只有两个话题,现在多出来八个话题,又是一个例子。

○请你再多举几个例子。

□《水浒传》有所谓简本和繁本,你知道吧?(○不知道。)据学者研究,《水浒传》这部小说,在很长的年代里,经过好多位作家补充修改,作家把很多情节"吹"起来。

这种版本叫繁本。后来开书店的人另有想法，他认为一般读者看小说是要看更多的情节，于是增加了梁山好汉征辽和征方腊两件大事，这样一来书更厚了，印刷成本太高了，书店就找人动手删减，把"吹"起来的部分简化了，很多地方变得简略了，这种版本叫简本。你将来到大学里研究中国文学——如果你在这方面有兴趣——不妨拿繁本简本对照阅读，看看能有多少发现。

〇简本和繁本，哪一种文学价值高？

□公认繁本的文学价值高。

〇这岂不是"繁"比"简"好？

□就《水浒传》来说是如此，别的作品又未必，我们不能任意推论。

〇《水浒传》的简本和繁本都太遥远了，手边眼前有例子没有？

□中国的古典神话，有一条是"夸父逐日"。书架上有《辞源》，你把"夸父逐日"查出来看一看。

〇好，夸父逐日：夸父与日逐走，入日，渴，欲得饮，饮于河渭，河渭不足，北饮大泽，未至，道渴而死，弃其杖，化为邓林。——简古得很！

□书架上有一套读本,其中有一篇文章,就是用这段简古的记载"吹"成的。

○我来找。题目:追太阳。本文:太阳是个英俊的王子,他住在东海里面一棵大桑树上,那棵桑树大得像一座山。(□日出扶桑。)每天早晨,太阳王子驾着白色的马车,带着金箭,出来旅行。他从万民头上经过,一天之内走遍世界。人们仰起头来看他,只能看见一团白光。(□太阳神是坐车的,用六条龙拉车。)晚上,太阳王子回到那棵大树上休息,第二天早晨再出发。他每天不停地奔驰,从来没有间断过。——好像是个儿童故事?

□文字十分浅显,适合少年儿童阅读。不过这个故事的意义很丰富,我们也可以看。文章开头先介绍太阳。再看下面:

○在遥远的北方,叫作北海的地方,住着一个巨人。他的身材太大了,一只脚可以踩沉一条轮船,一口气可以吹走一座冰山。(□注意这两句的写法,两件事并列,两句话句型相同,这叫排比。)他蹲在那儿也像一座山那么大。这个巨人的名字叫夸父。

□介绍完了太阳,接着介绍夸父。这种写法,有点像电视转播球赛,开赛之前,电视记者先把甲队乙队介绍一下。这种写法清楚明白,技巧也不困难。

○有些故事,好像是一开头两个球队就打起来了,慢慢看下去才弄清楚双方的面貌。

□那种写法比较难。

○北海的气候非常寒冷,而且永远一片漆黑,即使是太阳从天上经过的时候,也不过是在遥远的天外出现了一个白点。(□介绍了太阳王子和夸父之后,接着写两个人的处境不同。由于处境不同,夸父受到刺激,才去和太阳一争长短,两个不相干的人这才发生了纠缠。所以这几句话很重要。)孤独的夸父,蹲在那儿很不快乐。他知道太阳王子那么英俊,那么活泼,那么受人欢迎,(□注意这一连三个"那么"的用法。)心里很不服气。他想:"我什么地方不如太阳?太阳凭什么那么骄傲?"

□这是写夸父逐日的动机。原来的资料没有提到动机,而人物的动机是很重要的。

○于是,他起了一个念头:跟太阳赛跑。他自信比太阳的马车跑得更快,可以让太阳王子认输。

□下面正式进入正题了。

○有一天，夸父远远望见太阳在天边出现，就迈开大步，飞奔直追。他的腿是那么长，（□注意：前面先介绍了他的高大。）三步两步就走出北海，跨上太阳的轨道。太阳在他前面越来越大，（□不说越来越近而说越来越大，更能表现逼近的感觉。）不再是一个小白点，而他的影子也越来越长，从天空一直落到北海里。

□写了太阳越来越大，接着再来一句影子越来越长，你有什么感觉？

○怪可怕的。

□还有呢？

○感觉更逼近了。

□下面一句是什么？

○这一句是：他离太阳越来越近了。

□这一句单独成段是不是？（○是。）为什么要单独成段呢？（○不知道。）这表示这一句非常重要，把它放在醒目的地位。这是分段的一种技巧。（○这一句为什么特别重要？）这一句写出了夸父一直在追，已经追了很久，已经接近目标，一旦追上了，真不知道会发生什么样的事情。这一句制造了紧张和悬疑。你再念下去。

○下面是"太阳王子!看你往哪里逃!他暗暗得意。"这一行又是单独成段的,也是要引我们特别注意吗?(□是的,要拉长时间,加强你的期待和焦虑。拖得太久也不行,下面该揭晓了。)

○下面是:可是,他离太阳近了,才知道太阳光那么热,他在寒冷的北海里住惯了,热得有点受不了。(□注意,这一段开头有个"可是"。如果没有这个"可是",对"文义"并没有影响,你念出来试试看。)他离太阳近了,才知道太阳光那么热,他在寒冷的北海里住惯了,热得有点受不了。(□你和上一段连起来念念看。)太阳王子!看你往哪里逃!他暗暗得意。他离太阳近了,才知道太阳光那么热——

□少了"可是",有什么感觉?

○好像断了气。

□对,它对文义没有多大影响,对"文气"很有影响,有了它,不增加读者的了解,没有它,却削弱了读者的感受。在这里,"可是"是一个急转弯,它暗示你,你期待的焦虑事件要发生了。你继续念吧。

○汗水从他身上流下来,滴在地面上,好像下了一场大雨。(□你看夸父多么高大!)太阳的强光也逼得他睁不开眼睛。(□作者赶紧补上一笔:太阳也不是弱者!两强角力,这才惊天动地。)"我一定要追上太阳,超过太阳!"他的决心一点也不动摇。他闭上眼睛,(□因为前面说太阳的光很强。)张着大口,(□前面说过太阳光很热。)拼命前进,他吐出来的气吹走了满天的乌云。(□前面说过夸父非常高大,不是一个凡人。后面这些话,都是前面发展下来的,前后照应,也是行文常用的技巧。)

○我以为"可是"之后,夸父就失败了,怎么还没有?

□非但没写他失败,还继续写他的强大。不能让他一下子就失败,失败得太快,就不是"吹"了。夸父虽然还没有失败,他的弱点已经暴露出来,后来终于失败,也就很合理。你念下去。

○万里无云的好天气,怎么会下雨?地上的人觉得奇怪,一齐仰脸望天。他们望见一团黑影靠近太阳。太阳的半边被黑影遮住了。又过了一会儿,太阳完全被黑影遮没了,太阳的光线只能在黑影四周镶上一道白边儿。这时,寒冷的雨点哗啦哗啦洒满大地,阴惨惨的风吹得人人心惊。怎么啦?难道有什么怪物把太阳吃掉了吗?受惊的人们大哭大叫,大声祈祷。——哇,精彩!

□作者换了个角度，写地上的人群看见了天象的变异，这是侧面描写。竞争的剧烈，夸父的强大，夸父的危机，都从侧面表现出来了。有了这一番描写，不但夸父逐日是一件大事，夸父的失败也是一件大事。这一段文字，就是所谓"最高潮"。下面呢？

　　○刹那，黑影突然消失了，大地震动了几下，依然是晴朗的天气，一切恢复正常。（□仍然从侧面描写，可是下面要回到正面的主线上去了。）原来当夸父追上太阳，正想要超过太阳的时候，他实在支持不住了。他累得难受，也渴得难受，终于倒了下来。他倒下来的时候，造成地震。他倒在大河旁边，一口气喝干了河水。（□这是正面写夸父失败，和侧面互为表里。）当他快要追上太阳的时候，他的力气就已经用尽了，汗已经流干了，那时他过于兴奋，照样支撑下去，等到他忽然倒下来，就再也不能爬起来了。（□注意三个"了"字的用法。）他的生命已经消耗得干干净净。

　　□最高潮后面不能立刻刹车，得有一些回荡。上面这段文字，在气势上是回荡，在意义上是解释夸父失败的原因。

　　○他追上了太阳，他也累死在路上。他的头发变成森林，他的眼睛变成星星，他的骨骼变成山脉。（□注意一连三句句型相同。）他的故事一代一代传下来，变成中国的神话。——完了。

□最后这一段，也是一个回荡。这一段在文义上有余不尽，好像夸父死得不甘心，死了还要表示反抗，使人觉得回味无穷。高潮和回荡，你好好地玩味一下，下次你到了海边儿上，别忘了看那海浪，海浪一个接一个滚过来，越滚越大，高高地扑在岩石上，落下去，往后退，变成小浪，小浪再涌到岩石底下，再退回去，再涌回来，再退回去。然后才消失。

○海浪跟作文居然有关系？

□要不，太史公怎么游历了名山大川之后，文章才越写越好呢？

第十二

○《剑外忽传收蓟北》，杜甫的这首诗真的很好吗？

□真的很好。

○昨天晚上，父亲教我和妹妹读这首诗，"剑外忽传收蓟北"，一句诗七个字有两个地名，地名就占去了四个字，读起来有什么滋味呢？妹妹更妙了："初闻涕泪满衣裳"，她大吃一惊。"怎么，杜甫不带手帕的呀？"

□不是不带手帕，是来不及掏手帕，情感汹涌，眼泪马上流出来了。

○李后主"挥泪对宫娥"，后人批评他忘了老百姓，杜甫不是也只想到"却看妻子愁何在"嘛！"漫卷诗书喜欲狂"，你猜妹妹怎么说？杜甫，他得先换一件干净衣服呀，别把鼻涕沾到书上去,唐朝的书都是古董宝贝呀。

□你看最后两句怎么样呢?"即从巴峡穿巫峡,便下襄阳向洛阳。"

○两句诗里有四个地名,我们对这些地名没有什么兴趣。

□唉,巴峡、巫峡、襄阳、洛阳,这些地名,可都字字落在我的心坎上呢,用"文艺腔"来说,可都"拨动了我的心弦"呢。对日抗战期间这首诗最流行,那时候"剑外"的人都巴望着"蓟北"收复,都梦想有一天"即从巴峡穿巫峡,便下襄阳向洛阳",杜甫能在两句七言诗里放进四个地名,彼此对仗,而又十分流畅,流畅得像你在长江坐船"千里江陵一日还",别人还真没有这个本事。对日抗战后期我正在读中学,期末大考地理老师出题目,教我们把"即从巴峡穿巫峡,便下襄阳向洛阳"画成地图,把沿线的都市山脉河流省界都画出来,还真没难倒我们,因为我们平时已经拿着地图玩索过几百遍几千遍了呢。

○我们又没参加抗战,叫我们小孩子怎么办呢?

□我有一个看法,别人未必赞成,令尊大人听见了,也许不以为然。我认为你们这个年纪读古文唐诗,是领会它的文学技巧，不是接受他的思想情感。以杜甫这首诗来说，巴峡、巫峡、襄阳、洛阳这些地名，对你们固然太抽象了，就说"白日放歌须纵酒"这一句，又岂是健康的反应呢？"剑外忽传收蓟北"之时"须纵酒"，你对年轻人怎么交代呢？

　　○李白、杜甫，诗里处处是酒，难道都成问题吗？

　　□不成问题。这要换个角度来看。"剑外忽传收蓟北，初闻涕泪满衣裳"，军事胜利的消息传来，家乡又可以过太平日子了，杜甫忽然听到了这个消息，心情十分激动。大凡人受了外界事物的刺激，思想就会活跃起来，这时思潮起伏，"却看妻子愁何在"，挂念远在家乡的妻子。"漫卷诗书喜欲狂"，这时哪有心情读书，书本都该收拾起来，准备带着回家。"白日放歌须纵酒"，很想去痛痛快快喝个醉，这可不是借酒浇愁，这回是庆祝。"青春结伴好还乡"，回家的时候，有哪些人可以一路做伴？这些念头，在杜甫心中一个一个发生，终于，他下了个决定："即从巴峡穿巫峡，便下襄阳向洛阳。"坐船，走水路，还乡。整首诗透露的心理活动是刺激→思考→决定。

　　○你又提出个三段式：刺激→思考→决定。

□就管它叫三段式吧,你可以从很多文章里找到这种三段式的脉络来。我从前读过柳宗元一篇文章,题目是"贺进士王参元失火书",一个叫王参元的进士家里失火,柳宗元写了一封信去道贺。

○人家失火,他去道贺?他跟那家人有仇?

□绝对不是。他有他的理由。那时候,我哪里懂得他那一套老于世故的"哲理"?可是,我学会了他的"三段式"。

○请你把他的三段式写法告诉我吧,我就不必读那篇文章了。

□这篇文章,将来还是要读的。柳宗元跟那个失火的王进士是好朋友,好朋友家里失火,而且什么都烧光了,这个消息自然是一大刺激。柳宗元受了刺激以后,思想活跃起来,他想,王进士人品高,可是社会上一向不敢表扬他的人品,王进士才学好,朋友也一向不敢推荐他的才学,为什么,因为王进士家很有钱,谁要是称赞他,推举他,就好像是谁得了他的钱财,就好像是谁为了得他的钱财巴结他。

○既然王进士才学好,人品高,大家称赞他推举他也是应该,为什么有人要说这是贪图他的金钱呢?

□这就是人言可畏，社会上的人，大都喜说人家的坏话，不肯说养人的话。——这个"养人的话"，用文艺腔来说，就是"对人有营养的话"，也就是对人有益的话。"君子防未然，不处嫌疑间"，就是免得这些人飞短流长。

○就算没人夸他好，王进士又有什么损失呢？

□王进士就得不到一个很好的职位来施展他的抱负。柳宗元常常为这件事不平。现在王进士家失火烧光了，变成穷人了……

○王进士很有钱，怎么会一下子烧穷了呢？

□这得解释一下。第一，那时候盖房子并没有今天的防火材料，尤其是大户人家的房子，都有百年左右的历史，木料全干透了，一旦失火燃烧，就烧个彻底。第二，那时候没有消防队，没有今天的消防器材，虽然大家都来救火，那真是杯水车薪，无济于事。第三，那时没有银行，没有人出租保险箱，所有的现款，所有的金银珠宝、古董字画、绫罗绸缎都放在家里，不烧则已，一烧同归于尽。还有，第四，那时候没有保险制度，王进士一定没保火险。

○原来是这样的！从前的事还真不容易明白。

□所以，从前的诗词文章，在你眼里也就真难欣赏。——王进士变成穷人以后，大家就没有顾虑了，社会也就可以公平地对待他了，王进士的房子烧掉了，王进士的人品才学却一夜之间显出来了，朋友都可以替他说话了，上面也可以重用他了。对王进士来说，失火反而是一件好事。这是柳宗元的想法。他想清楚了，就决定写信给王进士道贺，劝王进士不要难过。

〇这个理由呀，亏得柳宗元想得出来！

□今天别想他的理由，想他的三段式。这种写法，你想不想试一试？

〇刺激→思考→决定，是不是得把文章平均分成三段？

□当然不必。以柳宗元贺王进士失火的那封信来说，刺激、决定都只有寥寥几句，精华全在中间的部分。刺激是个引子，决定是个收尾，中间的思想活动才是作者的本旨。

〇如果把"思考"写得很短，而把另一部分——刺激或决定——写得很长，行不行呢？

□行，行。甚至你可以只写刺激、思考，没有决定。欧阳修的《秋声赋》就是这样。欧阳子夜方读书，忽然听见某种奇怪的声音,"刺激"。他断定这是秋声,秋声引起他的议论和感叹,"思考"。最后他用四壁虫声唧唧和他的叹息结束,那不是决定,而是一种无可奈何。

○这么说,我倒无意之中用过这个三段式。

□什么题目?怎样写的?

○题目是"我最近得到的一个教训"。(□好题目。)那一阵子我常丢雨伞,下雨天带伞出门,回家的时候雨停了,雨伞用不着了,总是忘记带回来。(□心疼吗?)有时候丢的是新伞哪!(□回到家里挨骂了没有?)挨骂是事有必至,理有固然。(□这就有了"刺激"。)有一天,在丢伞挨骂之后,我仔细反省检讨一番。丢伞事小,可是显得我太不负责、太不可靠了,再说这个毛病一直改不了,也有悖"勿以恶小而为之"的古训。其实要想不丢伞也有办法,只要用心记住一句话:有钱难买回头看。(□这句话是什么意思?)这是一句俗语,教人在离开一个地方的时候不要起身就走,最好回头看一下,这一看,发觉还有雨伞没带!(□有钱难买回头看!你有了决定。)从此我决定:放学离开教室的时候,回头朝墙角看一眼;下车的时候,回头向座位上看一眼;吃完了冰淇淋付账的时候,也朝座位上看一眼。

□你做对了,像"我最近得到的一个教训"这样的题目,天然包含着刺激、思考和决定。

○还有什么题目可以这样写?

□联考作文题出过"对我影响最大的一个人""一本书的启示",都可以这样写。

○"一本书的启示",这个题目很好,可是听说有些考生提出抱怨,说他"并没有这样一本书"。

□既然碰上这个题目,你就非有这样一本书不可。(○啊?)你平时应该看书,至少看一本书,这本书该是大贤大哲大文豪写的名著。"一本书的启示",阅卷先生打开你的卷子一看,这本书是《作文七巧》,这恐怕不妥,我劝你不要冒这个险。

○要哪一本书才行?

□比方说《论语》。

○我没读过《论语》啊!

□你读过一部分,教科书里不是选过好几段吗?

○那是一课课文,不是"一本书"。

□你不是说没有"一本书"吗,总不能交白卷是不是?

（○当然。）《论语》是一部什么样的书，你总该知道吧？

○论语者，二十篇，群弟子，记善言。

□好，把论语是一本什么样的书写下来，然后挑出其中一段或者一句来发挥，比方说："学而时习之，不亦乐乎？"这句给你很大的启示。

○一句话？行吗？

□阅卷的先生大概不会要你把整本《论语》的精义归纳出来，他目前不会对你抱那么高的期望。

○只有一句话：未免太少了。

□再加一句："己所不欲，勿施于人。"

○我如果这样写，阅卷的老师会不会看穿我的底牌？

□他当然看得出来，但是他多半会让你及格。（○这个办法不错！）这个办法并不好，最好的办法是你真读几本古典名著，从里头真正得到启示。

○别的题目呢，"对我影响最大的一个人"，写什么样的人好？

□我们天天受人影响，问题是谁"最深"。如果我说这人是母亲，大家自然没有话说。如果我说这人是我的房东，或者是一个清洁工人，这篇文章就得材料好，技巧好，问卷委员就会提高对这篇文章的要求。在我看，你还是从岳飞啦、文天祥啦这些大人物身上找启示吧，这样平稳一些。

○提到岳飞，他对我的影响还真不浅哩。他诞生以后没多久，他的故乡不是有水灾吗，他的母亲抱着他，坐在一口大缸里避水，不是有只大鸟罩在缸上飞吗，都说这是岳飞命大，上天派这只大鸟替他当伞。岳飞精忠报国，可惜被那奸相秦桧害死了，我读到风波亭那一段，想起那只大鸟来，咳，这时候上天做什么去了，怎么不来救岳飞呢？当年岳飞并不怎么需要大鸟来打伞，上天派大鸟来了，后来岳飞需要上天搭救，上天怎么不管了呢？

□不得了，你这也是"读书得间"呀！

○后来我读耶稣的传记，发现耶稣小的时候也很蒙上帝照顾，可是耶稣被人家钉上了十字架，他最后的遗言是："我的上帝，你为什么离弃我？"咳，他的情形跟岳飞一样，上帝怎么只管小事不管大事？

□好文章！好文章！可是，这种文章恐怕不能上考场。（○为什么？）因为应试的文章要合乎正格，不宜走偏锋。

○文章还有这些分别？好文章还不就是好文章吗？

□自来应试的文章讲求心正意诚，车大路宽，名士创作却是争奇斗妍，摇荡性露。这是两条路子，用成语来表示，就是"功名中人"和"性情中人"。

　　○我要做性情中人。

　　□我赞成。可是我们今天谈的是考作文呀！

第十三

○你上次介绍的三段式,我已经学会了,我想这种三段式一定还有很多,能不能再告诉我几个?

□可以。不过我得先告诉你,所谓三段式、四段式都是我们贪图方便的说法,它在别人的文章里并不明显,它在我们的文章里也应该若有若无。

○有了三段式、四段式,作文容易得多了。我的办法是先照着式子起草:一、刺激,二、思考,三、决定;然后我再修改,把段与段之间的界线弄模糊。我也想到,所谓三段式也只是个大致的说法,我也许可以写"刺激"的时候同时写"思考",或者写"思考"的时候同时写"决定"。

□如果能这样做,就可以只见其利不见其弊了。作文不能没有方法，也不能完全遵照方法，这话听来很矛盾是不是？其实何止是作文，天下有很多事，死守方法规矩一定做不好。举例来说，美国工人常常和资本家对抗，他们有个"死守规则运动"，相当厉害。工人按时上班，人人把工厂定下的各种规章背得滚瓜烂熟，人人咬文嚼字，引经据典，故意来个食而不化，他们并没犯规，不仅没犯规，而且格外循规蹈矩，可是这样一来，工厂的生产就停顿了。

○这怎么会呢？

□怎么不会呢。我在梁实秋先生写的书上读到一个故事，大意是，有个主人，待他的仆人十分苛刻，他和仆人定了一份详细的合同，把仆人该做的事都写在上面，他常常拿着这份合同指责仆人，怪他这件事没做、那件事没做。有一天，主人到野外散步，仆人在后面跟着，不知怎么地上有个陷阱，不知怎么主人掉进去了。主人在下面大叫，要仆人把他救上来，你猜那仆人怎么着？他不慌不忙掏出合同来说，我得先看看上头有没有这一条。

○那还用看吗，合同上头当然没有。

□正因为死守规则行不通，所以有人反对有什么作文方法；又因为作文不能漫无法度，所以有人主张该有作文方法。

○正因为赞成反对都有理由,所以刚才你说不能完全没有方法,也不能完全遵照方法。

□这是折中调和。你看,赞成、反对、调和,可不可以成为三段式?

○这个三段式可以写议论文呀!

□这个章法,也许你早已用过,只是不知不觉罢了。

○什么样的题目,这样写最合适?

□有些事情是你一定不能反对的,例如爱国;有些事情是你一定不能赞成的,例如吸毒;还有一些事情是你不能改变的,例如三加二等于五,氢二氧一化合为水。但是在我们的生活里有很多很多事情是可以正反兼顾的,是可以斟酌损益的。就拿吃菜来说吧,有人说四川菜好吃,有人说江浙菜好吃,其实呢?(○都好吃。)做得好,都好吃。有人说这个女明星漂亮,有人说那个女明星才漂亮,其实呢?(○都漂亮。)她们也许都很美,也都不十全十美。

○我想起来了,上次那个辩论会,辩论形式重要还是内容重要,最后主审的委员讲评,就说形式和内容都重要。

□文学作品的形式和内容是融合为一的。

○那又为什么要我们分成两队互相攻伐呢?

□有些学者反对举行这种辩论,认为把人的想法都搞偏了。

○那么,为什么学校年年要有辩论会呢?

□当然因为那反对者的意见仍然有斟酌的余地。辩论能训练口才,能培养团队精神,不必细表。我们该注意的是,辩论会的题目,一定是正反两面都能成立。"为学重要还是做人重要?"这才可以旗鼓相当各执一词。"为学重要还是散步重要?"论散步之重要也可以洋洋洒洒,但是策划辩论会的人不会要这样的题目。

○这么说,辩论会是根本不必举行的喽?

□是又不然。你也许一向认为理科比文科重要,但是你从没有慎思明辨一番,直到你有一天参加辩论,你这才十分认真、十分透彻地把理由想全了,把逻辑想通了。这才把一个朦胧的想法变成真知。

○这样会不会又想偏了呢?

□你参加辩论不研究"敌情"吗?知彼知己才百战百胜。如果你在"理科重要"的一队,你们必定开会研究"文科重要"的理由是什么,你们设想对方可能怎么说,你们和对方同样用心同样认真。这一来，你虽然主张理科重要，却也把文科的价值弄清楚了。

○有一次，我们辩论文言重要还是白话重要，我参加白话重要的一组。我们开会研究怎样对付"敌人"，主席规定每个人举出一条"文言重要"的理由，教大家练习打靶。你猜怎么样？讨论了一阵子，有个同学说他不参加这一个组了，他原来以为白话重要，现在他改变立场，要参加"文言重要"的那一组去了。

□没关系,由他,说不定几年以后他又回到"白话重要"这一边来了。

○赞成、反对、调和，这个三段式不就等于一个小小的辩论会吗？（□是啊。）好像很难？

□难就难在你得两面想。我们有个常犯的毛病，既然认定文言重要，就不去想白话重要的理由了，一旦相信理科重要，就懒得听文科为什么重要了。我有一个朋友，他坚决反对节制生育，我问他，今天某某报上有一篇专论，列举了应该节制生育的十项理由，你看了没有？他说我是反对节制生育的，为什么要看他们的理由？那么，我又问，你能不能也列出十项理由来呢？他说节制生育是错的，我是对的,择善固执就好了,要什么十大理由?

○他倒干脆,什么辩论会作文方法全免了。

□如果我们常写议论文,常用"赞成、反对、调和"三段式写论说文,就可以克服上面所说的偏执。

○像"读书的甘苦"这个题目,每隔几年就出现一次,以后碰上了,我准备"赞成、反对、调和",你看行不行?

□这"甘苦"二字,审题时大有讲究,习惯上,"甘苦备尝"是重苦而轻甘的,但若说到读书的"甘苦",又好像重甘而轻苦。(○我该怎么办?)读书的"正论"是甘多于苦。

○文章开头,先说苦,还是先说甘?

□先说甘。

○我早想过了,读书的乐趣有三项。第一,以前不知道的,现在知道了,这好比登山望远,越登越高,看到的天地越宽。

□会当凌绝顶,一览众山小。

○第二,以前不能的,现在能了,好比练武功,越练本事越大。

□开卷的委员看到这里,也许认为你看武侠小说太多,说不定他对爱看武侠小说的学生有成见。换个比喻吧,就说好比射箭越射越远。（○射箭不也是练武？）那不同，孔子说过：君子无所争，必也射乎。……第三是什么？

○第三，读书也是一种享受，读书越多，享受越大，好比以前没吃过的山珍海味现在吃到了，以前没住过的华屋美厦现在住进去了。

□很好，以读书为乐的人如是云云，以读书为苦的人呢，他该怎么说？

○读书的苦，第一是学问的钻研要很长的时间，花很大的精力，绝不容你偷懒，一分勤奋一分收获，一分怠惰一分荒废，铁砚可以磨穿，学海却是无涯。苦！

□秀才的标准形象是个瘦子，大概就因为读书太苦了。

○读书的第二苦是考试的压力，要说读书读瘦了，一点也不假，联考当前没有不减轻体重的。

□读书人自来要通过考试的竞争淘汰得到社会的肯定，这是历代读书人多半要做的噩梦。

○我的答案是读书有三乐二苦。

□好，三乐二苦，你调和吧。

○我不知道怎样调和才好，你下手吧。

□照那觉得读书苦的人说，读书有许多痛苦，那读书乐的人又认为充满了快乐，我们认为双方都有事实根据，双方都应该得到我们的承认。（○读书有苦有乐？）读书的滋味是乐中有苦，苦中有乐；再进一步说，读书可以得到快乐，但是往往要先通过痛苦，也唯有真正享受了读书之乐的人，才配谈读书之苦。

○调和，听起来好像就是综合？

□你也可以把这个三段式的最后一段叫作综合。如果叫综合，这个三段式的前两段，可以叙述两种不同的情景，不一定要提出两种不同的意见。现在我们来看范仲淹的《岳阳楼记》。你来读一遍好不好？

○庆历四年春，滕子京谪守巴陵郡，越明年，政通人和，百废俱兴，乃重修岳阳楼，增其旧制，刻唐贤今人诗赋于其上，属予作文以记之。

□这是一个"缘起"，我们先不去管它。

○予观夫巴陵胜状，在洞庭一湖。衔远山，吞长江，浩浩汤汤，横无际涯，朝晖夕阴，气象万千，此则岳阳楼之大观也，前人之述备矣。然则北通巫峡，南极潇湘，迁客骚人，多会于此，览物之情，得无异乎？

□这一段文字的作用，相当于标点符号里的"："，下面出现了我们三段式的第一段。

○若夫霪雨霏霏,连月不开,阴风怒号,浊浪排空,日星隐曜,山岳潜形。商旅不行,樯倾楫摧,薄暮冥冥,虎啸猿啼。登斯楼也,则有去国怀乡,忧谗畏讥,满目萧然,感极而悲者矣。

□这一段是写"悲",下一段相反,写的是"喜"。

○至若春和景明,波澜不惊。上下天光,一碧万顷。沙鸥翔集,锦鳞游泳,岸芷汀兰,郁郁青青。而或长烟一空,皓月千里,浮光耀金,静影沉璧。渔歌互答,此乐何极,登斯楼也,则有心旷神怡,宠辱皆忘,把酒临风,其喜洋洋者矣。

□一悲一喜,截然不同。下面是他的综合。

○嗟夫,予尝求古仁人之心,或异二者之为,何哉?不以物喜,不以己悲,居庙堂之高,则忧其民,处江湖之远,则忧其君,是进亦忧、退亦忧。然则何时而乐耶?其必曰"先天下之忧而忧,后天下之乐而乐"乎!噫,微斯人,吾谁与归?

□顺便再让你看一篇文章:梁启超写的《最苦与最乐》。你先念第一段。

○人生什么事最苦呢，贫吗？不是。失意吗？不是。老吗？死吗？都不是。我说人生最苦的事，莫若身上背着一种未了的责任。人若能知足，虽贫不苦；若能安分，虽失意不苦；老、死乃人生难免的事，达观的人看得很平常，也不算什么苦。独是凡人生在世间一天，便有应该做的事，该做的事没有做完，便像是有几千斤重担子压在肩头，再苦是没有的了。为什么呢？因为受那良心责备不过，要逃躲也没处逃躲呀。……

□这是三段式的第一段。再看下面我做了记号的地方。

○翻过来看，什么事最快乐呢，自然责任完了，算是人生第一件乐事。古语说得好："如释重负"；俗语亦说是"心上一块石头落了地"。人到这个时候，那种轻松愉快，真是不可以言语形容。责任越重大，负责的日子越久长，到责任完了时，海阔天空，心安理得，那快乐还要加几倍哩。……处处尽责任，便处处快乐；时时尽责任，便时时快乐。快乐之权，操之在己。孔子所以说"无入而不自得"，正是这种作用。

□一苦一乐，相反相成。下面一段是综合。

○然则孟子为什么又说"君子有终身之忧"呢，因为越是圣贤豪杰，他负的责任越是重大；而且他常常要把种种责任揽在身上，肩头的担子从没有放下的时节。曾子还说哩："任重而道远"，"死而后已，不亦远乎？"。那仁人志士的忧国忧民，那诸圣诸佛的悲天悯人，说他是一辈子感受痛苦，也都可以。但是他日日在那里尽责任，便日日在那里得苦中的真乐。……

　　□好，就念到这里。这第三段，把上面两段综合了，你看，是不是跟《岳阳楼记》的章法有几分像？

　　○很像！

　　□所以说方法是死的，人是活的！

第十四

○练习写作,都说要多读多写。我该读些什么书?

□你想要我开书单吗,这件事我帮不上忙。

○书总是一本一本分开读的,你就先介绍一本书好不好?

□我介绍一"种"书吧,我劝你常常读诗。

○我喜欢写散文。

□孔子曰,不学诗,无以写散文。

○孔子说过这句话吗?

□当然没有。

○诗,我也常看。诗,好像随处都有,时时可以看见。(□它的形式也特别醒目。)诗,通常都很短,一下子就看完了，不需要特别准备。(□你读一句，有一句的收获；读一首，有一首的收获；读一本,有一本的收获。你早晨看报，一目十行，副刊上有诗，你只匆匆地瞄了一眼，说不定这一眼就是个丰收。这是别的体裁不能给你的。)诗到底对散文有什么帮助？

□读诗不但对写散文有帮助，对写什么都有帮助。如果你晚上要写信，先读几首诗再写，说不定你写出来的信就会多些情味。如果你早上要办公文，先读几首诗再办，说不定你办出来的公文特别流畅自然。

〇有这样的事！这是为什么呢？

□作文先要有"文心"。不管你是写散文、写小说、写剧本，文心都是根本。可是我们这颗心不能天天时时都是文心。(〇除了文心，还有什么心？)心还是那颗心，只是有时候心乱，有时候心死，有时候心浮。心乱就对文学不忠实，自己敷衍自己，文章写不出，或者写得很潦草。心死就丧失了写作所必需的那种敏感，文章写不出，或者写得很勉强。心浮就进不到人生和自然里头去，也就不能从人生和自然里出来，写出来的文章很庸俗。

〇心乱和心浮，都是我常有的感觉，潦草和勉强，也都是常犯的毛病，只有"庸俗"，老师还没有这样批过。难道诗可以治这些毛病吗？

□当然。（○为什么呢？）诗由十足的文心里出来，我们常常到诗里头去镀个金，受个浸，充个电，让我们的心不那么乱，不那么浮，也不那么死。好比我们的手表，每隔一些时候总要跟标准时校正一下。

○诗也有诸子百家，先读谁呢？

□标准答案当然是读古典级的大家，坦白地说，像宋之问"近乡情更怯，不敢问来人"这样的句子，我到四十岁才懂；刘禹锡"旧时王谢堂前燕，飞入寻常百姓家"，我到五十岁才懂；陶渊明"结庐在人境，而无车马喧"，我六十岁才懂。能在我年轻的时候帮助我的，不是陶谢李杜韩白，是袁子才、吴梅村、黄仲则这些人。

○我也该先读吴梅村、黄仲则吗？

□不，我不敢那样主张。从前，我的老师曾经禁止我读他们。可是我在二十岁以前总是觉得他们亲切。现在你问我，我仍然劝你读李杜韩白诸大家，如果读不进去，再退而求其次吧。

○怎么有人说年轻人别读旧诗，旧诗里的人生观是不健康的呢？

□我劝你现在不要读词。词，除了"大江东去"等少数作品以外，叫人越读越消沉。诗，并没有这般严重。旧时诗人，动不动伤老、伤贫、伤不遇，未尝不可以当作反面教材。他伤老，我们想到惜阴；他伤贫，我们想到理财；他伤不遇，我们想到"创造环境，把握机会"。你若读诗，我相信你有这消化的能力，读词，就不敢说了。

○我读过一些旧诗，不管谁的诗，总有些句子我很喜欢，很受感动。你刚才说"读一句有一句的收获"，我现在读一句算一句，行不行？

□我赞成，我也有过"读一句算一句"的经验，这一句，有时候对我们很有益处。记得我第一次读到"羲和敲日玻璃声"的时候，马上着了迷，整首诗都忘了，只记得这一句。

○羲和好像是神话里的人物？

□传说他是太阳神的御者，也有人说他是太阳的父亲。但是诗人笔下的太阳和羲和另有崭新的关系。"羲和敲日玻璃声"，诗人的想象多么丰富，多么大胆！英国有一家电影公司，产量不大，产品很精致，他们每一部影片前面的固定片头，就是一个肌肉发达的男子挥起长槌敲响一面大锣，我每次看见这个画面，就想起羲和敲日，有一次，我做了一个梦，梦见用机关枪扫射太阳，叮叮当当漫天都是锣响。

○欲上青天揽明月，我也做过登陆月球的梦，一旦身临其境，月亮就不好看了。

□欲上青天揽明月不一定要登陆月球。如果中秋赏月，天公偏不作美，你有没有想过飞到云层上面去看月亮呢？（○没有。）从现在起，你可以这样想。

○记得有一次经过一家装裱店，他们正在裱一副对联，下联是"秋空一蝶下寻花"，我一看，登时傻了，上联是什么也忘了问。你说"秋空一蝶下寻花"好不好？

□很好，秋阳之下，偶然有只蝴蝶在飞，我也见过，当时的感觉是这只蝴蝶也活不长了，从没想到它寻花，有了"下寻花"三个字，平凡的情景立刻很壮烈。无论诗或散文，这都是高境界。

○还有一句诗，"远山一发见人形"，我一方面觉得很喜欢，一方面也觉得很难懂。既然青山一发，距离当然很远，怎么能见到人形？

□这首诗是写日景还是夜景？

○夜景。

□既是夜景,解释不难,这时山在天幕之下只有一个轮廓,仿佛是个"人"字。

○原来是这个意思!那就平淡无奇。

□又不尽然。你看这里有一根头发,它有起伏,但是并不耸起。"青山一发"通常是形容一列长长的远山,"青山一发"和"见人形"通常不连在一起,如今连在一起,应该另有内涵。

○还能有什么别解不成?

□我不敢确定。这句诗中的意念如果到散文家手中,也许是真的把山当作一个饱经沧桑的巨人,石涛画出来的山就给我们这样的感受。天地苍茫,万籁俱寂,这个赫赫巨灵犹背天而立——或者面天而坐——颇有神话意味。也许散文家的灵感是由山的人形线条想象到山中居民,山中居民受地理环境限制,生活特别劳苦,那些人坚忍的表情和劳动的姿势,一时俱在眼前。不管这句诗应该怎么诠诂,你受到它的启发,可以有自己的想法。你的想法不需要注释家认可,你是找写散文的材料。

○诗人的一句话就是一篇散文?难怪你说,诗可以一句一句地读。

□有时候,你可以一个字一个字读。(○哦?)有时候,你读一首诗,你对那首诗不能了解,不能接受,好像白费时间。——你的时间不会白费,里面总有一个字吸引你,你从这个字的用法看见文心。例如韩愈的句子"水声激激风生衣",不是风吹衣,不是风拂衣,是风生衣,整句诗全靠一个"生"字。

○风生衣是不是衣上生风?(□我想是的。)我当初在成语字典上看见这四个字,字典的解释是风拂起衣襟。我对这个解释有些疑惑。

□风拂起衣襟也没错,不过只限很小的风,轻柔的风,风吹过来,简直没引起你的注意,直到衣襟飘上来,你觉得好像是衣襟扇出风来。这才是衣上生风。

○风那么轻,那么柔,又怎能把衣襟掀起来呢?

□噢,这得解释一下。从前的士人多半穿长衣,很少短打。天气温和,衣服的质料应该很薄。这种衣服的大襟招风,像是江心的船帆。所以"衣上生风"也不全是诗人的主观。

○这么说,"衣上生风"现在用不上了?我们的制服太短,我们的风衣太厚,都不合"生风"的条件。也许女同学的裙子能"裙下生风"。

□不行,"裙下"两个字另有固定的含义,不能轻易改变。衣不生风,也就算了,你有没有见过雾由无而有,由淡而浓,渐渐淹没了树林?那些雾就像从树身上蒸发出来。在你眼里衣不生风,树可能生雾。

○我不大会描写风景,看看同学们的作文簿,也多半不大注意写景。读诗能不能增加我写景的能力?

□能,你已经学会了"树生雾"。有没有读过"天边树若荠,江畔洲如月"?(○读过,孟浩然的句子。)这两句诗使我们想起"大远景手法",把洲和树林都缩小了。

○"千山鸟飞绝,万径人踪灭"是不是大远景手法?

□我想不是,大远景可以把千山万径尽收眼底,但是鸟和人就无从谈起了。"千山鸟飞绝"应该是电影的"摇镜",镜头由左到右摇过去,画面像个手卷次第展现,这才看得出山中无鸟,径上无人。

○远看一处攒云树——

□大远景。

○近入千家散花竹——

□这是"推镜",摄影机往前推,景的纵深一步一步显现出来，犹如我们走进桃源，一面走一面看两旁的屋舍人家。

○暮从碧山下，山月随人归——

□李白这一句"山月随人归"，使我联想到易顺鼎的"星月似随吾马东"，它们之间有衍生的关系。秋风未动蝉先觉，春风未动梅先觉，春江水暖鸭先知，三者也有衍生的关系。你看，诗不但可以帮助散文，诗也帮助诗。

○散文和散文之间有没有这种衍生的关系？

□有，不过不像诗这样容易体会。先看诗怎样帮助诗，再想诗怎样帮助散文，最后再想散文怎样帮助散文。

○模仿？

□先有"山月随人归"，后有"星月似随吾马东"，意思模仿，句法不模仿；先有"秋风未动蝉先觉"，后有"春风未动梅先觉"，句法模仿，意思不模仿。这种衍生应该受到鼓励。

○不得了，诗真是个宝贝，每一句都有用处。

□可不是。你再想想看，"暮从碧山下，山月随人归。却顾所来径，苍苍横翠微"，这回头一看，是写景的一个奇招。你写游记，最后离开海滩，踏上归途，有没有回头一看？

○忘记了有这一招。

□下次记住了。有许多感觉,我们可能忘记了,诗提醒我们。例如我们写文章一向注意视觉和听觉,杜甫"两个黄鹂鸣翠柳,一行白鹭上青天",既好看,又好听。可是我们还有嗅觉呢,还有触觉呢。

○风生衣就和触觉有关系?

□李颀一句"霜凄万木风入衣",要用触觉来欣赏。注意那个"凄"字,霜使所有的树木变得很凄凉,所有的树木都裸露在寒冷的空气里,这时人在野外,风入衣里——不是风生衣,是风入衣,风把衣服穿透了,风从领口袖口钻进来了。

○别说了,我要感冒了。

□钱晔有一句"沙鸟迎人水气腥",海水有腥气,沙鸥身上也就有腥气,沙鸥朝我们飞过来,把水的腥气带来了,你看诗人的嗅觉有多灵敏!

○我知道我该怎样读诗了。你刚才说"不学诗,无以写散文",我还以为你开玩笑呢。你说,我该花多少时间读诗?

□你啊,你读一辈子!

第 十 五

○你这是做什么？为什么守着一盆清水，水里全是火柴梗呢？

□我在做一个小小的研究。你过来，我擦一根火柴给你看。你看！先是火柴头的一部分射出火苗来，接着火柴头的其他部分响应，你看，火焰里裹着一种冲突，一种挣扎，把火焰撑成某种形状。你看，像鱼要出网，像岩石要大踏步走开。这一瞬非常非常好看。

○你一直在这里看火柴燃烧？

□这是一种"无可名状之形"，可以当美术品欣赏。每一根火柴燃烧成一个独有的形状，不和别的火柴雷同。我再擦一根给你看，它们谁也不抄袭谁。我真想把一根一根火柴燃烧的形状拍成照片，拍一千张，一万张，看它到底有重复没有。

○地上这盆水是做什么用的呢？

□我要把烧剩的火柴丢在水盆里，我怕引起火灾。

○我来擦几根火柴试试看。……火焰是非常非常美丽的东西。……你怎么想到用火柴做试验的？

□火柴最经济、最方便。火柴的燃烧最自然，不像焰火那样呆板。火柴的燃烧有起步，有展开，有衰落，也就是有开始，有高潮，有结局，很像是写一篇作品。尤其是，它们从不重复，每一根火柴都在创作。

○我正在学棋。我的老师说，古往今来，不知有多少人下过多少盘棋，每一盘棋，由开始第一步到结局最后一步，走棋的次序都不相同。没有两盘棋的过程完全一样。这话你信不信？

□我信。如果象棋没有办法不重复，围棋一定能够。学棋的人，照着古人流传下来的棋谱，故意重演一遍，当然不算。据说，两人对弈，若是全部着子的经过和古人的某一盘棋完全相同，当最后一子落下的时候，马上雷电交加，山摇地动。

○这是为什么?

□因为发生了使自然界震恐的大事。

○这就奇怪了,照我的想法,应该是有人超越了古人的成就,创造了新的纪录,这才值得惊天动地啊。

□大自然是厌恶抄袭、反对复制的。小说家福楼拜甚至说,树上的叶子没有两片是完全相同的。树叶我不敢断定,我敢说,没有两棵柳树或者两棵榕树完全一样。至于长江决不模仿黄河,泰山决不模仿华山,那就更不用说了。文艺创作取法人生和自然,所谓"法自然",就包含这种不与人同的精神。

○我们初学乍练,总要模仿吧。

□当然,当然。"李侯有佳句,往往似阴铿。"李白也有一个模仿的阶段。不过这个模仿,也不像同学们想的那么容易。

○老实说,我一听到创造呀,创新呀,就觉得茫茫然无从下手。你还是多谈一谈模仿吧。

□当年我读中学的时候,国文教科书里有一篇文章,开头就说:"我家有两棵树,一棵是枣树,一棵还是枣树。"

○这话好像很可笑,怎么能做课文?

□我们读过这一课之后,有一个同学就在作文簿上写:"我家有两棵石榴树,一棵是石榴树,一棵还是石榴树。"

○敢情他是在模仿呀?

□我家有两棵树,并没有说明是什么树。那么是什么树呢?一棵是枣树,哦,枣树。那另一棵是什么树呢?还有一棵也是枣树。哦,也是枣树。人家的叙述有层次。如果说"我家有两棵石榴树",张口见喉,什么都告诉了读者,下面两句话岂不真正成了笑话?

○层次,原来是层次。那么我是不是可以写"我家有两棵树,一棵是柳树,还有一棵也是柳树"?

□你家有两棵柳树?院子好大啊!

○其实我家什么树也没有。

□那,你不如说"我家没有树,没有枣树,没有柳树,没有石榴树,什么树也没有"。为什么没有树?底下接着写"因为我家住在公寓的高楼上"。

○公寓,高楼,当然没有树喽。

□阳台上有几盆海棠。

○好哇,这几盆海棠可稀罕。

□文章就在几盆海棠上。

○我常想,你们年轻的时候,人是什么样子呢?社会是什么样子呢?你们一定有许多有趣的、好玩的故事,我很想听。

□好玩的事情,有趣的事情,你们这一代才有,我们那时候岁月艰难,苦得很啊。

○那就说个"苦的故事"吧。

□我们那时候读的是中学,穿的是军服。(○为什么穿军服?)当时正是八年抗战,学校实行军事管理。(○穿军服那可好玩啊。)那时候的军服料子很差,刚刚发下来的军服,穿了上操场,一个"卧倒,起立",扣子全没啦!(○纽扣哪里去啦?)你想不到吧,纽扣不是金属做的,是陶土做的,禁不起卧倒、起立,碎掉啦!

○现在有一些耳环,一些别针,都是烧砖烧瓦一样烧出来的,也很漂亮、很结实呀。

□那时候哪有这种原料和技术啊。

○扣子没有了,不是很狼狈吗?

□是啊。有个同学就在作文簿上立下一个志愿,他说他将来要用黄金打成纽扣,钉在他的衣服上。(○老师怎么批的?)老师还说他有志气哪。(○后来?)后来他正式从军,一帆风顺。抗战胜利那年,他就真的换上全副黄金纽扣,还拍了照片,寄给我一张。(○这样做,不是挺浅薄的吗?)唉,没两年工夫,我碰见他,他一脸风尘,又是纽扣全没啦!

○这个人好可怜啊,你再说个别的故事吧。

□你是找我谈作文的呢,还是来听说书?

○是谈作文啊。

□你听出来了没有?开头是纽扣,结尾又是纽扣,如果是写文章,这叫"蛇衔其尾"。

○蛇衔其尾……蛇衔其尾……

□你写过"蛇衔其尾"的文章吗?(○没有。)要不要试一试?你到海滨去远足,忘啦?

○我们那天坐着游览车,每人带着一罐可乐。路上,导游小姐带头要大家唱歌,我们把喉咙唱干了,就喝可乐,还没到目的地,就把可乐喝光了。老师说,空罐不准乱丢,要丢在堆垃圾的地方,我们只好一人握着个空罐走上海滩。

□你们的空罐,后来丢到哪里去了?

○我们一直拿着总不是办法,大家一商量,挖个沙坑埋下去吧。(□这个办法不好,海滩是赤脚走路的地方啊。)这一层,大家没想到。谁知道动手一挖,挖出一窝蛋来。(□

什么蛋?)导游小姐说是乌龟蛋。我们一人拣了一个,握在手心里,不让老师看见。(□这一下子,乌龟家破人亡啦。)这一层,当时也没想到,只想到回家想办法孵个小龟出来。

□你们回来的时候,每人手里藏着个乌龟蛋是不是?(○是。)你们去的时候,每人手里拿着个可乐罐。这一头一尾,可以衔接。

○可是手里拿的东西不一样。

□可是手仍然是手。

○这样也可以蛇衔其尾?

□当然。

○挺容易的嘛!

□因为你的材料恰恰好。

○你写文章写了这么多年,是不是有时候也找不到材料?

□写作是一辈子的苦工,写到最后一天也没办法把材料写完。

○为什么有人嚷着找材料,也有人说他没有材料?

□那恐怕是别人出了题目让他写。

○我们写,都是老师出题目,又不给我们时间去找材料。

□等你读大学,写论文,就可以自由找材料了。

○你有那么多材料。你的材料,以哪一类最多?

□这个嘛,要看怎么分类。我从没有分类整理过。我想,大概是,多半是些因果相生的材料吧。(○请你解释一下。)天下事有因有果,而果又同时是因。有些材料,你得把握它们的因果关系。就拿你远足来说,远足是因,坐车是果;坐车是因,路上单调无聊是果;调剂单调是因,唱歌是果。下面的因果关系你自己找出来吧。

○唱歌是因,口渴是果。(□对。)口渴是因,喝可乐是果。(□对。)喝可乐是因,埋空罐是果。(□别忙,喝可乐是因,空罐是果。老师不准乱丢空罐是因……)埋空罐是因,得龟蛋是果。(□很好。)这么小的一件事情,中间有这么多环节呀!

□想想看,任何一个环节都不能少。如果你们不在车上喝可乐,等下了车坐在冰店里喝,不会发生空罐的问题,以后的情形也不同了。如果老师管得松,你们喝完了可乐就把空罐丢在座位底下,也不会埋空罐得龟蛋了。

○一因一果要明白写出来吗?

□千万不可,要藏在你的叙述描写里。

○因生果,果生因,无尽无休,怎么结束呢?

□所以要"蛇衔其尾",告一段落。

○还有别的办法吗?

□有。因果循环,有三种可能,一种是因大于果,例如全体唱歌是大事,一时口渴是小事,因大于果。如果天气太热,心情太兴奋,你喝着唱着昏倒了,这就是大事,就是果大于因。你们为了埋空罐,发现了一窝龟蛋,对你们来说,也是果大于因。

○因大于果,果大于因,还有呢?

□第三种是"果"把"因"消灭了,可以叫作因灭于果。(○这是一种什么样的情形呢?)你们埋空罐,挖沙滩,没有发现龟蛋,没有发现任何东西,悄悄地埋好,什么事情都没有了,这就是果消灭了原因,再没有下回分解。

○这样,远足记就没有趣味了。

□就你的材料而论,适合蛇衔其尾,不适合果灭于因。

○这个"蛇衔其尾"的写法,古往今来,一定有很多人用过?

□当然。所谓文章作法,都是从已有的作品里归纳出来的。

○人家蛇衔其尾,我也蛇衔其尾,万一写出来的文章跟人家相同,那怎么好?

□不会。——除非你存心抄袭。

○我决不会抄袭。我是怕老师发作文簿的时候问我,你这篇文章怎么跟以前某某人写的文章一样?是不是抄来的?

□以前那个某某人,也在海滩上埋可乐罐子挖出龟蛋来吗?

○我想,不会。

□写作是心灵的活动,心灵十分复杂微妙,人和人尽管心同理同,作品一定不同。我们不是说过嘛,两根火柴擦着了,燃烧的姿态都不会完全相同。

○我们又回到火柴上来了。

□蛇衔其尾嘛!

第十六

○叔叔看了我的作文簿,给我一个大红包做奖品,他要我增加"字汇"。——他是不是嫌我识字太少?

□你有一个好叔叔。——他究竟是要你增加"字汇",还是增加"词汇",你听清楚没有?

○好像是词汇,又好像是字汇。

□在我看来,你的文章是词汇不够。

○词汇不够又是什么意思?

□从前,有一位先生在会议上发言,他说:"现在要提出一个问题。这个问题,本来不成问题,只因为大家忽略了这个问题,以致不成问题的问题终于成了问题。"

○怎么这么多的"问题"?

□这就是词汇贫乏。他好像只有"问题"这一个词可用。他如果知道注意词汇的变化,会用别的词来代替"问题"。

○我来试试。"现在要提出一个问题。"这第一个"问题"应该留着。(□对。)"这个问题,本来不成问题",这第二个"问题"呢?(□也可以留着。)第三个"问题"是非换掉不可的了。"这个问题本来不该存在,甚至不该发生",行不行?(□行。)"只因为大家把它忽略了",(□换代名词,很好。)"以致这个不成问题的问题",(□可以留着。)终于成了我们的障碍和困扰。

□很好,你念一念修改之后的发言稿。

○现在要提出一个问题。这个问题本来不该存在,甚至不该发生,只因为大家把它忽略了,以致这个不成问题的问题终于成了我们的障碍和困扰。

□最后结尾的地方语气急促,改一改。(○怎样改?)可以这样:以致这个不成问题的问题,点断;终于成了我们当前的障碍,点断;也成了我们之间的困扰。整句完成。

○增加词汇似乎不一定增加生字?

□原则上识字越多词汇越丰富,但是并非增加多少词汇就增加多少生字。李白又叫太白,又叫青莲,这些字你都认识,都是用熟字组合起来的。太白又叫谪仙,也许这个"谪"字你很生疏,这才增加一个生字。

○我现在知道变换词汇很重要,你能不能再举个例子?

□夏丏尊先生说过,一个意念可以有许多符号。今,目下,眼前,现在,当代,现代,斯世,并世,我们的时代,这个年头,是一个意念;滥觞,渊源,开端,起源,发生,发端,发轫,开头,开始,开创,开场,揭开序幕,第一步,破题儿,行剪彩礼,是一个意念。

○这些意念相同的词,是不是可以随便换用?

□这可就一言难尽了。"今"是单词,"当代"是复词,一句之中若有好几个词,通常不能都用单词,也不宜都用复词,多半是奇偶相错。"开头"是白话,"滥觞"是文言,该用哪一个,得看文章的风格和句子要达成的效果。此外还得考虑到字音,也就是音节。还得考虑一句之内用字不能重复。我说不周全,说全了你也记不住,记住了也不能照着方子用。

○那怎么办?

□多读。读破万卷,神而明之,都说这个老办法不科学,到了这个"非科学"的层面,还得用这个不科学的方法。你念念胡适的这一段话。

○这种种过去的小我,和种种现在的小我,一代传一代,一滴加一滴,一线相传,连绵不断,一水奔流,滔滔不绝,(□注意这六个短句用词的变化。)这便是一个大我。……那个大我,便是古往今来一切小我的记功碑,彰善祠,罪状判决书,孝子贤孙百世不能改的恶谥法。(□注意这一个长句包含的四个比喻。)

□多读好文章,看人家在要紧的地方反复说一个意思,反复而不重复。看文章怎样才会读着顺口,看着顺眼。看人家长短疏密安排得多么妥当。

○我手上要有多少词才够格?

□这个问题很难答复,坦白地说,我不知道。不过我想起一个故事。有个皇帝问他的大臣认得多少字,那人回答:"臣识字不多,用字不错。"

○从前的进士翰林,熟读经史,还说自己识字不多,太客气了。

□这个答案很出名。回皇上的话,不能不客气。那个大臣如果夸耀渊博,万一被皇帝当场考倒了,后果一定严重。可是对着皇上,你一味谦虚也不行,你得表示你不是白吃瞎混的人,你有资格在金銮殿上排班,所以下面紧接一句"用字不错"。这个答案可以说不亢不卑。

○识字不多,用字不错,我也几乎做得到啊!

□他们"明训诂"的人,对识字、用字的要求很严。从前有个秀才想越过一条水沟,不知道怎么做才好,他那副为难的样子引起一个农夫的注意,农夫对他说:"你可以跳过去啊。"秀才听了,站在水沟旁边,两脚并拢,向前一纵,扑通落到水里去了。农夫说:"你错了,看我的!"农夫后退几步,向前猛冲,右脚先踏上对岸,左脚紧跟过去。秀才纠正他:"你才错了哪,你这是跃,哪儿是跳?"

○这恐怕是挖苦书呆子的吧?

□你可以从不同的角度看看这个故事。打开古色古香的字典看看,"跳"和"跃"确有分别。你如果在"小学"的训练里浸润过,你也可能认为跳跃不分是用错了字,甚至可以说是不认识这两个字。当年中国文化界有文言白话论战,文言一派就有人说写白话文的人不识字。

○不识字?不识字?

□就拿白话文的招牌字"的呢啊吗"来说,"的"本来是白色,"呢"是说悄悄话,"吗"就是"骂"。

○哦,那个大臣说自己"用字不错"固然是肯定了自己,说"识字不多"也很有斤两啊。

□所谓用字不错还有一层意思。王安石的"春风又到江南岸"改成"春风又绿江南岸",没改以前是"庸句",改了以后是名句,你也可以说"绿"字用对了,"到"字用错了。

○所谓错字,应该是字形不对,两点水写成三点水,示字旁写成衣字旁。王安石这个例子只能说是用字不工,怎能说是有错?如果这也算错字,难道"家兄塞北死,舍弟江南亡"十个都是错字?

□你对议论文的技巧很有心得了!你故意推论到极端,好极好极!春风又到江南岸,"到"字并未写错,是用错。用错和"错字"不同。诸葛亮重用了马谡,是"用错"了人,马谡还是马谡,并没有别人来冒名顶替。

○这也只能说是"错用",错用比"用错"好。

□就职务着眼,是"错用马谡",意思是街亭应该由别人来守;就人选着眼,是"用错了马谡",意思是马谡应该去做别的事情。"用错"下面有个"了"字。

○错斩崔宁,崔宁没有抢劫杀人;杀错了崔宁,该杀的另有人在?

□写白话文照样需要推敲,需要字斟句酌。好的新诗也可能"吟安一个字,捻断数茎须"。上好的白话文嘛,也许"置之国门不能易一字"吧,白话文并不好"对付"。

○人家告诉我,要把白话文写好,得先把文言文学好。(□也有人这样告诉我。)可是又有一种说法完全相反:你看,某某人的文章半生不熟,都是文言害的!(□这个说法,我也听过。)我到底该听谁的?

□这要看你是为了升学呢,为了实用呢,还是为了当大作家。(○您就先说当作家吧。)如果当大作家,不但要学文言文,还要学外国文呢,还可能要去提炼方言呢。(○如果是升学?)升学考试的测验题,有一半是从文言文里头找出来的。升学考试的作文题,像"仁与恕相互为用说","知之者不如好之者,好之者不如乐之者",也得文言有根底才下得了笔。

○若是只求实用,又怎么说?

□先给"实用"下个定义:不为升学考试,也不为了当大作家,平时喜欢写写,表情达意,自得其乐,这样的人可以不读文言典籍。(〇他能写得好吗？)在七十年八十年前，这样的人是写不好的，因为那时候白话文学还不成熟，得向文言典籍借火取经。现在的情势不同了，用白话写成的作品有这么多，有这么好，文言文的式样手法，文言文的哲理玄思，大都藏在里面、化在里面，开启了从白话文学作品学习白话文学写作的时代。

〇你的意思是，第一代和尚到西天取经，第二代和尚到长安取经就行。

□晏殊有一首词，说到"夕阳西下几时回，无可奈何花落去，似曾相识燕归来"。朱自清有篇散文，写到："燕子去了，有再来的时候；杨柳枯了，有再青的时候；桃花谢了，有再开的时候。可是，聪明的，你告诉我，我们的日子为什么一去不复返呢？"你看，晏殊的词是不是藏在朱自清的散文里面了？

〇这样的例子很多吗？

□不胜枚举。

〇照你的说法，为升学而作文，是一条路；为个人表情达意而写作，是一条路；为了做大作家，又是一条路。我希望三条路并作一条，现在考场得意，以后表情达意，将来文坛得意。

□现在文坛得意的人里面，以前考场得意的也不少。

○我需要进中文系吗？

□现在文坛得意的人，数理出身的人也不少。

○我很想右手计算彗星轨道，左手写人生百态。可是老师说我的性格太被动，不宜做作家。我真有点儿不服气哩。

□老师有老师的道理。拿数学来说，它有十分合理的程序，一步一步推着你走，躐等固然不容易，想掉队也不行。学数理，除非半途而废，只要走完全程，一定能达到标准。文学，尤其是创作就不行，虽然规则也很多，但是你亦步亦趋照本子办事，你就完了。你可以把所有的课程念完，所有的作业都做过，成绩表上的分数拿得出去，可是事实上仍然不及格。文学，尤其是创作，要你自动自发自我造就的地方太多了。

○我该灰心吗？

□当然不必。我只是约略介绍一下文学创作的路怎么走。我当初念书的时候，性向测验之类的学问似乎还没有，老师有他的办法，他找了许多句子来看我们的反应。比方说,为什么"孔雀东南飞"呢,因为"西北有高楼"。孔雀东南飞和西北有高楼都是古诗里的名句,本来毫不相干,临时扯在一起。有些同学认为这是索然无味的拼凑,老师就认为这些学生大概不会去念文学。

○孔雀东南飞对西北有高楼,正在我们班上流传,我还以为是新出炉的故事呢,原来老早就有了。

□在《三国演义》里面,有一次,东吴的官员和西蜀的一个神童见面,两人有一场精彩的对话。东吴的官员问,天有耳乎?神童答,有耳,诗云:"鹤鸣于九皋,声闻于天。"东吴的官员问,天有头乎?神童答,有头,头在西方,诗云:"乃眷西顾。"官员问,天有姓乎?神童答,天有姓,姓刘,因为天子姓刘。东吴的官员很不客气地说:"日出于东!"西蜀这一位神童也不客气地说:"日出于东而没于西。"

○日出于东,东吴认为他们才是正统;日出于东而没于西,西蜀认为你们东吴碰见西蜀就完了。西蜀的这个神童很机智。

□也可以说他很有文学天才。两个人一问一答,看字面,答案和问题全不相干,但是组合在一起就成了政治上的心理作战,两者不但有关系,简直是天造地设。你学化学,学工程,什么和什么一定有关系,能组合,什么和什么一定没有关系,不能组合。文学就简直没准儿,作家,尤其是大作家,常把我们认为完全无关的甲和乙连在一起,组合成丙。而且这个把戏层出不穷,世世代代做不完。

○我们已经谈了很久。这一次不能"蛇衔其尾"了。

□这一次是行云流水,行其所不得不行,止其所不得不止。

第十七

○昨天,我们的作文课堂上发生了一件大事,老师忽然出了个题目要我们写诗。

□写诗怎么会是大事?

○因为我们的作文课从不写诗。

□为什么以前没写过诗?

○考试领导教学嘛!联考作文几时有过诗啊?

□写诗也可以锻炼文字。你们的老师是一位良师,他从各方面增进你们的作文能力。

○可是同学们直抱怨呢。

□他们有没有想到,万一联考作文要你们写诗怎么办?

○是啊,有备无患。诗该怎么样写?究竟要不要押韵?我们很有一番争论。

□诗,要讲究"韵",但是不一定"押韵",押韵是在诗句最后一个字安排脚韵。现在有很多新诗都不押韵。不过,如果你初学乍练,没有把握,那就押韵吧,押韵比较安全,如果你写出来的东西不大像诗,押了韵就像多了。

○赵钱孙李,周吴郑王,冯陈褚卫,蒋沈韩杨,还是不像诗呀。

□若是天地玄黄,宇宙洪荒,日月盈昃,辰宿列张,就几乎像诗了。辛弃疾的"不恨古人吾不见,恨古人不见吾狂耳!",把它单独摘出来,脱离了韵脚的队伍,也就几乎不大像诗了。

○押韵不是就不自由了吗?

□那大概是指从前的律诗吧,现代新诗押的是"自由韵",不难。如果"小河"不协韵,"小溪"也许就可以了;如果"小溪"也不协韵,"细流"或者"微波"也就可以了。三年也可以说是三载、三秋、三岁,也可以是千日、千天、千个晨昏、地球一千次自转,由你挑选。我想押韵难不倒你,押韵反而训练你,使你对词汇更能灵活运用。

○我没有押韵："我等待春天／只等来声声蝉叫／秋使我看清楚了／后面是个严冬。"我是这么写的。

□你想不想押韵？如果想押韵，只消稍稍改动一下："我等待春天／只等来一树蝉声／秋使我看清楚了／后面是个严冬。"你看，你并没有丧失多少自由。

○下面我写的是："冬天到了／春天还很远／只有老农夫不声不响／藏起他的种子。"

□这四句很好，不押韵也可以。如果你想押韵，这回恐怕得改动句子。"冬天到了／春天在哪里／那边住着一个老农／你去问他的种子。"

○这么一比较，还是应该押韵，押了韵才像是诗。

□也还言之过早。诗的韵不只是脚韵。我们索性把你的诗再改一次："冬天依然寒冷／而春天遥远／老农默默／床边藏着一坛种子。"在这四句诗里面，"天，然，寒，远，边，坛"，也都是韵。

○听你这么说，我觉得写诗很有趣。我想学诗了。

□诗比文更难说个明白。诗有诗理，跟文理不完全相同；诗有诗法，跟文法不完全相同。

○现在照你的定义，这诗理诗法是怎么回事？

□这要诗人来说。这要诗人写一本书来说。我提出这个名词来,只是告诉你诗和文不同。你要经常体会、玩味两者不同的地方。

　　○不同的地方在哪里?

　　□就拿你的游记来说吧,你们出发,唱歌,喝汽水,埋空罐,取龟蛋,由头到尾,是一连串,是一整天。如果你不写游记,写诗,你多半得把一连串缩成一个点,把一整天缩成一刻。

　　○这一个点是什么?

　　□依我的感受,是你的手,你的手是个关键,先握着汽水罐,后握着龟蛋。

　　○这一刻呢?

　　□如果诗心所凝的那一点是手,诗心所聚的那一刻,我觉得是回程的车上。去的时候,注意力在手上,回来,注意力仍在手上,热闹好玩以及风景都不重要。你看"山中何所有?岭上多白云,只可自怡悦,不堪持寄君"。到了徐志摩:"我挥一挥衣袖,不带走一片云彩。"到了你们,手里握不住海浪,握不住海鸥,握不住帆影。可是你们的手仍然紧紧握着。

○去时握的是空罐,来时握的是龟蛋。

□如果作诗,你也许得说去时握的是物质,来时握着一个生命。诗有诗的语言。

○诗的语言很抽象吗?

□不然,诗常常把具体的说成抽象的,又把抽象的说成具体的。

○刚才把夏天说成一树蝉叫,是把抽象的说成具体。(□不错。)把冬尽春回的希望说成老农收藏的种子,也是把抽象的说成具体。(□对。)

□现在再把你的诗修改一下。冬天到了,不妨改成"冬,刮干净了画布"。春天还很远,不妨改成"春天还在准备颜料"。

○这是拿画油画作比喻。

□你可以用这个比喻写到底:"由第一笔到最后一笔／都贮在农家的种子里。"你也可以撇开这个比喻:"农夫默默地抽烟／心里只悬念他收藏的种子。"

○"冬,刮干净了画布／春天还在准备颜料／农夫默默地抽烟／只悬念他收藏的种子。"没有韵了?

□这只是初步的腹稿,用韵得进一步润色。

○秋是裸体的女神，落叶是她的随从。——这句诗怎么样？

□谁写的？

○同学。

□他有诗才。"裸体"使人想到水落石出，木叶尽脱，也想到凉风起天末。如果能含蓄些更好，例如："秋，你是裸体的吗？"

○下面落叶一句呢？

□也很好。如果稍作修改，可以写成"在落叶的前呼后拥中走来"。不过，诗有一种手法，上一句和下一句不一定很连贯，每一句像一个岛屿没有安排渡船，不过它们仍然是一组群岛。"秋，你是裸体的吗？"下面一句不妨是"你把布告写在落叶上"。一叶落知天下秋嘛。再下一句不妨是"每一张日历上都堆着萧瑟"。三句中间没有什么因为、所以、以致……

○诗，不是也有韵脚响亮，句法整齐，句句清楚明白的吗？

□这又分两种。你听这一首："在那忘了名字的地方／登岭摘星／形影飘飘羽化／梦里醉里／那山越来越高／那星越来越大／年年月月／摘星的人儿变小了／是什么时候／你，我，都已缩到地平线下？"你觉得这首诗怎么样？

○每一句明白如话，可是整首诗是什么意思呢？

□好，这是一种。下面介绍另外一种："每天／打开房门／只看见地球自转／寻人广告呼喊你的名字／天涯海角都传遍／海枯石烂／回声一雁／奈何天／浮云片片。"

○句子明白，整首诗的意思也很明白：他要找一个失去的人，可是怎么也找不回来。

□这又是一种。你喜欢哪一种？

○这，我不知道。你看我学哪一种好？

□我可不敢替你出主意，你最好去问你的老师。联考作文题为什么一直没有诗？主要的原因是，阅卷评分的标准难定，比散文更难客观公正。喜欢某一种诗，爱之欲其生；讨厌某一种诗，恶之欲其死。

○你自己呢？说说你自己的意见好不好？

□诗，和散文的差别越大，我越喜欢。诗，我希望它给我另一种文体的喜悦和冒险。你听："隋堤死了／老柳替它活着／朝阳和夕阳孪生／晚霞洗掉凝脂／星群蘸水磨去古锈／草原把天空黏住了／白云怎么逃得出去。"

○这诗什么意思？

□你可以说它毫无意义，随手甩进字纸篓里。你也可以解释它，发挥它，演讲两个小时。读诗读了名家的解说，你才知道解诗和作诗同样不简单，从简单一句话背后找出丰富的意义，所有难懂的地方都能懂，所有不连贯的地方都连贯起来。"名高好题诗"嘛！名气、地位到了那个程度，读者不再用成见排斥你的诗，敞开心灵接纳你的诗，自动跟你合作体会你的诗，一首"越看越不懂"的诗可以变成"越看越懂"。

○我们怎会有那个资格？

□那，你就写另一种诗。你听："往事如烟，过去算了／旧梦无凭，醒来算了／碎琉璃，黏不牢／留得青山在／春天会再来到／江南岸，又绿了／三月花开得比二月茂／今年树长得比去年高／啊／往事如烟，过去算了。"

○这一首很好懂，而且有积极的主题。

□也押了韵。你也许现在应该写这样的诗，这种诗引起的抵抗力比较小。——我是说"也许"，"现在"。

○我们老师说，诗应该明白如话。（□好。）可是整首诗也应该有言外之意，不要太浅太露。（□好！）他举的例子是:"今年花似去年好／去年人到今年老／始知人老不如花／可惜落花君莫扫。"他说这四句诗明白是够明白,可是没有余味,不过是叹惜自己老了——老了又怎样呢?落花不扫又怎样呢?

□老师有没有举正面的例子呢?

○没有。他说到这个地方,下课铃响了。

□我来替他补充一个吧。"春风春雨有时好／春风春雨有时恶／春风不吹花不开／花开又被风吹落。"同样是写落花,这四句比较有味道是不是?

○这四句给我的感觉是,作者有很多意思没有说出来。(□有余不尽。)他没说出来的,好像并不是落花。(□言外之意。)这就得请你解释一番。

□春风不吹花不开,花开又被风吹落。这两句诗有比喻的功能,读了这两句诗,我们可以立刻想起许多事情来。父母总是爱子女的,有人说,如果世上没有母亲,所有的儿童都会在四岁以前死于麻疹。"春风不吹花不开"。可是,父母对子女如果一味溺爱,该自立的时候不让他自立,该受挫折的时候不让他受挫折,到他十五岁二十岁的时候还要用襁褓包住他,那反而把他害了。"花开又被风吹落"!

○这几天，历史老师正在讲第二次世界大战，他说那时候德国很厉害，把很多小国都占了。英美这方面用各种方法鼓动这些小国的人民抗德，英美的宣传人员对那些小国的人民说，这是你们的土地，怎么可以让德国人占据，你们民族有光荣的历史，怎么可以让德国人骑在头上。要反抗呀，要自主呀，要维持自己的尊严呀！当时这些国家的老百姓都参加了游击队打德国兵，他们英勇得很！（□春风不吹花不开。）可是，大战结束了，德国失败了，英美胜利了，那些小国纷纷独立自主，也都不像战前那样听英美指使了！（□花开又被风吹落！）难道那四句诗也能包含这段历史变化？

□你认为能，就能。

○人家不说是牵强附会吗？

□你再念念"今年花似去年好"。

○"今年花似去年好／去年人到今年老／始知人老不如花／可惜落花君莫扫。"

□如果是这四句，你即使想牵强附会，能附会上去吗？

第十七

第十八

○你写文章写了这么多年,累不累呢?

□有时候累,有时候不累。——写你想写的文章,文思汹涌,笔不停挥,手累,脑不累;写你不想写的文章,搜索枯肠,榨干柠檬,脑累,手不累。

○怎么会有想写的文章和不想写的文章?

□你做功课,也有想做的作业和不想做的作业,是不是?

○我们的作文两星期一篇,老师出题目,下课以前交卷,不想写也得写。你怎么也会有这样的问题?

□学校里的功课很多,你并不是每一门功课都有兴趣,没有兴趣的功课,为了考试,为了升学,你也得好好地做,教育制度要你做。写文章也是一样，有些文章是你自己要写的，有些文章是社会要你写的。古人把文章分成两大类，一种叫"传世"的文章，一种叫"酬世"的文章，酬世，可以说就是应付这个社会。

〇应付社会？

□是呀，谁能不应付社会呢，画家，总有许多画是为应付社会而画的。名伶名票，总有若干次演出是为了应付社会而登台的。从前有一位老前辈办杂志，他对我说："你可要多写文章来啊，你写文章又不用花钱。"

〇不要花钱？什么意思？

□他办杂志要买纸，要付印刷费，要开支工作人员的薪水。我呢，提笔就写，不要成本。

〇那是没有稿费的了？（□当然。）那一定写得很累？

□人家办杂志有人家的宗旨，有人家的编辑计划，文章要什么题目，写多少字，什么时候交卷，都不能随便。就算是有稿费，写这种文章也是累。我想韩愈当年写《原道》，一定不累，他为这人那人写墓志铭，一定很累。

〇能不能做个不"酬世"的作家？

□我见过三种作家。一种是，志在酬世的文章和志在传世的文章写得同样好,你酬世,"世"也酬你,所以这一类作家活得很漂亮。第二种,志在传世的文章写得很好,勉强酬世就大有逊色,可是,他既然薄有文名,社会往往要借重他的名气,也就常常给他安排一个座位。第三种,根本不肯或不能酬世,他没有那个才能,也没有那个心情,社会就说:"好吧,你去走你的独木桥吧。"由他自生自灭。

○你好像在说没有办法不酬世?

□我没有那样说。我是说,你可以不酬世,但是不要希求得到人家酬世得来的东西。拿你的功课做比喻,你可以不喜欢数学,不喜欢英文,但是你得"拒绝联考"。

○这到底不完全相同。我不能做拒绝联考的学生,但是我可以做拒绝酬世的作家。

□你为什么不拒绝联考?

○因为我要实现理想,追求目标。

□那么酬世也未必是错。有时候,作家个人的理想可以包容在社会整体计划里面。

○既然这样,酬世就不累。

□还是累。(○怎么会?)你肚子饿了,该吃饭了,正好手上有张洒金的请帖,地点很豪华,场面很隆重,主人很尊贵，同席的客人很陌生，这餐饭你会吃得很累，如果是和一两个好友下小馆子，就会很轻松。

○这恐怕是你一个人的感觉吧。

□但愿如此。

○如果人人都这样想，谁还当作家呢？

□我一直没有教你当作家，我一直在教你作文。你作文不是为了当作家，是为了功课、分数，是为了将来你能使用一种工具保护自己，帮助别人。

○说起来现在是分数要紧。依你看，我去参加联考，作文可得几分？

□赶考有"考运"。

○那不是迷信吗？

□考运是自有科举制度以来中国士子的"共识"。从前的考试科目是"三篇文章两首诗"，可以说只考作文，赶考的人好像拿了一大把奖券到考场去对奖，进了考场，试官把"号码"发下来，一看，自己的号码对得上，就中了，对不上，就名落孙山。多读书就是多准备号码。

○如果所有的号码都在手上，岂不稳操胜算？

□还有一个因素。你的文章有你的风格，有你的"气味"。如果试官喜欢这种"气味",你就占了便宜,反过来说就吃了亏。他为什么不喜欢你的"气味"?有时候是不可理喻的,有个阅卷委员讨厌倒装句,凡是有倒装句的卷子一律扣十分,为什么?因为他有一个朋友笔下喜欢倒装,而那人骗走他一笔钱。

○如果文章写得很好,能克服别人的偏见不?

□能,然而不是百分之百。别人都说杜甫到了晚年律诗越作越好,戴南山却说:"子美夔府以后之诗,殊不佳。"司马光不喜欢太史公,托尔斯泰不喜欢莎士比亚。你去找谁讲道理去?

○难怪很多同学不对作文下功夫,他们把精力用在数学上,他们说数学可能考一百分,作文怎么也考不了一百分。他们是从"总分"着眼,数学成绩可以把"总分"累积得高一些。他们大概还没想到作文要赌运气。

□不错。只听说数学考一百分,没听说作文一百分,可是也只听说数学考零分,没听说作文零分。有人当年三角几何一百分,后来开运输公司,天天调度他的八十辆汽车,当年的一百分,一分也没剩下。有人植物学考一百分,可是后来一辈子做盲哑学校的校长,植物学也全还给了老师。如果你作文考九十分，八十分，成绩永远跟着你，你永远得它的方便，不管你干哪一行，也不管你活多大年纪。

〇好，我来个极端推论：与其数学一百分，作文零分，不如数学八十分，作文也八十分。

□你现在去考作文，八十分管保可以拿到，除非考运特别坏。

〇关于考运，我想起一件事，有人碰上议论文的题目，直嚷倒霉，有人碰上抒情文的题目，连说自己流年不利。议论文、抒情文，究竟哪一种容易？

□可以分两步来回答。一、人的气质禀赋不同，有人觉得议论容易，有人觉得抒情容易。二、所谓难写、容易写，并不是白纸黑字写出来而已，还要包括读者有没有反应？肯不肯接受？一般而论，抒情文比较容易"成立"，议论文就要通过许多考验。

〇这是怎么回事？你得仔细发挥一下。

□假如有人丢了他的表，他很心痛，也觉得很不方便。左腕上没有表，似乎比右腕细了很多，左手也比右手小了很多。夜晚做梦，梦见他的表摇摇晃晃回来了，浮在空气里，比脸盆还大，像个鬼脸。——你有什么感想？

○他很喜欢他的表。他的表大概是纪念品吧?

□你反对不反对他做那个梦?

○我怎么能管他做梦?

□答得好!你可以代表许多人。现在换一个例子:如果有人说,人不戴手表怎么成,这个社会应该人手一表,否则就不算现代人。——你有什么感想?

○这个人真是的!他需要戴表就戴好了,何必囊括天下?我到夏天就不爱戴表。

□好!你的反应也代表许多人。通常,读者面对抒情文,总觉得那是"他"的事,是私人的事,当他面对一篇议论文的时候,他的感受不同,他觉得这是大家的事,也是他的事,因为"他"管到咱们大家头上来了!

○你在《七巧》里说,议论文容易引起反驳辩论,大概就是这个意思了?

□那天我们谈诗,我说诗需要读者合作。这几天我想到诗容易得到读者的合作,抒情文也比较容易,议论文就难。苏东坡说"春江水暖鸭先知",毛奇龄反问:难道鹅不知道?这一问并非没有道理,不过这一问却是问到议论文的天地里去了。李白说:"天若不爱酒,酒星不在天,地若不爱酒,地应无酒泉。"倘若他写的是议论文,人家就要说他牵强附会,歪缠胡扯。

○我想起一件事。有一次,牧师到我们住的小区里布道,分给大家每人一本小册子,我得到的是《马太福音》。牧师再三强调一句话:"我得着主的言语,就当食物吃了。"有个邻居突然问道:"食物吃下去是要变成大便的,主的言语到最后不过是一堆大便,有什么意思呢?"

□我们可以从这件事学到一些东西。牧师是在使用比喻,以甲比乙,甲乙并不完全相同,两者之间只有一部分相同。"笑雷嗔电",拿雷电形容喜怒无常,变化莫测,"笑嗔"和"雷电"只连着这么一丝,读者顺着这一丝去想,比喻才可以成立。这在抒情描写多半不成问题,到议论就不同了。读者可能不想那相连的一丝,去想那断裂的两截。什么笑雷嗔电?你们家开发电厂吗?

○那天,牧师也说,食物吃下去并不是变成大便,而是变成肌肉了,变成力气了,变成智慧了。

□你想的是力气、智慧,人家偏要去想大便。以后你议论文不要太依赖比喻,比喻的用处有限。

○不靠比喻靠什么?

□靠证据。

○如果想推翻别人的主张，是不是可以先推翻他的比喻？

□你可以故意跟他的比喻不合作，夸张不能比、不相同的地方。不过这也不是主力，主力战是推翻他的证据，或者提出不同的证据。

○唉，每逢读人家的文章，我总以为抒情文清静，议论文热闹；抒情文怕麻烦，议论文找麻烦；抒情文有理讲不出来，议论文没有理也要找理来讲。

□你对作文升堂入室了。抒情是"自了"，议论是度人；抒情要文情并茂，文尽情未了，议论要理直气壮，理不直气也要壮，理屈而气不穷；抒情近乎王道，议论近乎霸道。

○霸道？

□这也是比喻啊！

第十九

○人家谈作文都会谈到文学,你也谈谈文学吧。

□你要我怎样谈?

○文学究竟有什么用处?

□我先介绍一下两个极端的看法。一个是,文学有很大的力量,可以移风易俗,可以治国安邦。另一种意见恰恰相反,认为文学是没有用的文人做的没有用的事情。

○这两种意见,你大概都不赞成。(□不错。)请你把第三种意见提出来吧。

□文学有用,它的第一个功用,是娱乐。

○娱乐?娱乐价值和文学价值能并存吗?

□能。一般来说,人以享受乐趣的心情去接受文学。

那是星期六的心情,不是星期一的心情;是上俱乐部的心情,不是上教堂的心情;是退役的心情,不是入伍的心情。

○人有两种心情?(□可以这么说。)两种心情都很正当?(□都是人之常情,都应该予以满足。)两种心情有两种不同的需要?(□拿破仑上火线的时候需要军用地图,下了火线他需要《少年维特之烦恼》。)这个二分法,倒是把争论解决了。

□人有工作的时候,有休闲的时候。工作有工作时的问题,那些问题不能用文学解决。(○所以有人说文学无用。)休闲有休闲时的问题,文学就派上了用场。

○休闲活动,方式很多,有什么理由特别提倡文学?

□我们并不特别提倡文学。你爱做什么就做什么。

○总得选一种"有益"的活动。

□选一种"无害"的活动也可以,无害的活动可以防害,所以无害就是有益。人在工作的时候总盼望休闲,到了休闲的时候才知道休闲的时候比较危险,工作的时候比较安全。从前,我的家乡,农人从早忙到晚,只有阴历年前后一两个月是"农闲",农闲期间一过,不是有人自杀,就是有人出走,因为一到农闲的日子,到处都是赌局,有人赌得昏天黑地，把一年辛辛苦苦的收成输光，还欠下很多赌债。他也许把太太气死了，也许把母亲气死了，也许自己后悔死了。现代人的休闲时间比古人多，休闲的时候做什么，非常重要。

○我们学生，寒假暑假也天天补习功课，只恨一天没有二十五个小时，哪里还讲究休闲活动啊。

□功课压力这样大，本来是不该有的情形。不过我在这里不批评今天的教育。我只说你在学校里学习终要告一段落。以后，你多半不能一天用二十五个小时来工作。你会有闲暇。

○人有了闲暇，也不一定阅读文学作品吧？

□不一定阅读，也不一定"不"阅读。辩论术里面有一种"戳气球"战术，气球虽大，你只要在上面戳个小孔。谁说人在休闲的时候需要文学？没看见电影院、体育馆里那么多人吗？电影院、体育馆就是在气球上戳成的小孔。其实这种办法并不能把对方真正驳倒。不错，电影院里坐着那么多人，可是那些人并不永远坐在里面，他们回家以后呢？不错，电影院里坐着那么多人，可是电影院外面呢，人岂不更多？整个状况是：有人要进夜总会，有人要进电影院，有人要进体育馆，有人要进书店；不仅此也，人，有时要进夜总会，有时要进电影院，有时要进体育馆，有时要进书店。

○难怪小说总是畅销，小说的娱乐价值很大，谁不喜欢感人的故事呢！诗和散文，我们能用娱乐的眼光去看它吗？

□能。我们所谓娱乐，是指身心放松，现实的压力解除，注意力集中在一个圆满自足的小世界里。这些，小说、诗、散文，都能给我们。

○文学能给我们的，应该不止娱乐。文学的第二种功能是什么呢？

□阅读文学作品可以得到许多知识。这又分三方面，一是文化遗产的承受，二是人情世态的了解，三是生活境界的提高。

○你今天谈话纲举目张，条理分明，好像是提出一篇论文。我记得你以前说过，中华民族好比一个大家庭，李杜韩柳温苏都是久藏的家珍，身为中国人应该一件一件玩赏过，至少也该看过清单。你说"文化遗产的承受"，大概还是这个意思吧。

□中国文化的遗产属于每一个中国人。人人可以自动地自由地去取它用它,没有任何限制。这不像分房子分地产,你多一分,我就少一分。这种遗产取之不尽,用之不竭。

○这和研究中国文学有什么分别?

□研究中国文学是维护、陈列这些好东西,而我们不以此为专业,只是高兴了就拿出来把玩一番。

○下面一个小项是"人情世故的了解",这个标题对我很有吸引力。我们年轻,常常觉得别人很难捉摸,向长辈请教吧,他们总是笑一笑:"你长大了就会明白。"长大?要长多大?

□在这方面文学作品可以帮助你。文学作品是专门表现人心的,人心隔肚皮,文学却是一面透视镜,人心海底针,文学却是一副探测器。

○文学作品怎样帮助我们? 文学作品里的人和事,总是在云里雾里,真真假假。

□云里雾里,是它感性的一面。几个月后再看一遍,就可以把云雾拨开了。抒情诗是作者的交心运动,长篇小说是作者指挥的人性大演习。人心不同,各如其面,人与人不一样,你要同中求异;人与人也有共同的规律可循,你又要异中求同。

○有一次，爸爸带我参加宴会，我们到得比较早，就和主人一面聊天，一面等待。爸爸问："今天你请了哪些人？"主人念出七八个名字来。爸爸告诉他，某人可能迟到，某人可能缺席，某人大概不待席终就要告辞。这天晚上，爸爸的预测——都应验了！真奇怪，我到现在都不知道他怎么会有这些本事。

□为什么有人缺席、有人迟到、有人早退？因为人是不一样的。为什么令尊大人能够预测他们的行为？因为什么样的人，在什么样的条件下，会怎样做，大致有个规律。

○我怎么不觉得有规律？

□人，多半是在父母膝前长大的，父母，不管是什么性格，什么背景，处于什么样的环境，面对多大的利害，总是为孩子想。而孩子心目中，父母最单纯，最容易了解，父母在什么样的刺激下会产生什么反应，他能预测。孩子慢慢长大了，和家庭以外的人接触，那些人不是他的父母，那些人由于性格、背景、环境、利害，某甲和某乙不同，此事和彼事不同，今日和明日又不同，你在父母那里累积得来的经验就不够用了。这时，唯一的办法是多和别人接触，包括通过文学作品和作家创造的人物接触。久而久之，你会发现，人心虽然千变万化，倒也有个极限。

○不是说"人心难测"吗？

□当他说"人心难测"的时候，他已经测到东西了。

○人心难测，那就是人心很坏咯，人生境界又怎能提高呢？

□人的境界有高有低。"还君明珠双泪垂，恨不相逢未嫁时"，这是一种境界，如果一看见明珠，就投进别人的怀抱里去了，那是另一种境界。两种境界并不一般高，是不是？（○是）如果既不肯归还明珠，也不肯改嫁，鱼与熊掌通吃，那又是一种境界，是不是？

○如果"还君明珠不垂泪"呢？

□那跟"还君明珠双泪垂"又不一样。

○还君明珠双泪垂，还君明珠不泪垂，不还明珠不垂泪，垂泪但是不还珠。——还君明珠双泪垂比较有滋味。

□你用"滋味"两个字，很好。你做出来的事情别人看着有滋味，自己事后回想有滋味，这就是有意义，有境界。有一部老片子叫《罗马假日》——

○上个月重演，我看了。

□你喜欢哪个人物？公主还是记者？

○我喜欢公主。

□多数人喜欢公主，但是一谈到境界，我喜欢那个记者。这部片子的故事背景是美国，美国的新闻事业竞争激烈，记者的工作压力很大，他无意中发现失踪了的公主，独自得到一条全世界都注意的新闻。他如果把新闻发表了，他会出名，会得奖，会加薪。

○可是他最后把照片送给公主，新闻也一个字没写。

□他如果发表了那些照片，公主回国以后就狼狈不堪，人民可能不再尊敬她，而她不过是一个十几岁的天真女孩！为了保护这个女孩，那记者把黄金机会放弃了。当他把照片还给公主的时候，他的形象骤然高大起来。这就是境界。

○谈到电影，我想起来，你有一篇文章，劝我们从影剧了解人，扩大人生经验。

□不错，我的意见并没有改变。影剧对你扩大人生经验有帮助，对你增进写作技巧也有帮助。不过在谈作文的时候，我强调文学，强调诗、散文、小说，也许可以加上一部分剧本。这些用文字写成的东西，对作文有直接的帮助。

○你最后才谈到写作。在前面,你说文学提供娱乐,提供知识,都没有针对学习写作的人。

□文学不只属于有志写作的人,也属于无意写作的人,而有志写作的人少,无意写作的人多,我们不能因为自己喜欢写作,就把视野局限了。现在我们把眼光回到自身,文学作品可以帮助一个人发挥他创作的才能。

○那就是做作家喽?

□人,有他的才能。"右手计算彗星轨道,左手描述人生百态",这是一人具备两种才能。"文章以外无能事",这是只具有一种才能。每一个人都该充分发挥才能,完成自我。一个人,若是性近文学,别无所长,他就到文学里完成他自己吧。

○作家也有定义吧,他是什么样的人呢?

□第一,他使用语文的本领超过一般人,犹如钢琴家,使用钢琴的本领超过我们。钢琴,我们也能弹,但是只有称为钢琴家的人才弹得最好,才把钢琴的性能发挥到极致。作家、钢琴家、画家,都是艺术工作者,什么是艺术?艺术是人人都会,只有你最好,并不是人人不会,只有你才会。

○那么,第二?

□第二,他是增加文学遗产的人。我们不是谈到承受文学遗产吗?遗产是哪里来的?是一代一代的作家留下来的,那么这一代的作家会不会也有东西留下来?文学作品由一累积到一百,今后谁来增添到一百零一?这是作家的责任。

○这么说,作家并不可怕,为什么长辈都警告我别当作家?

□我想,大概是,他们发现你也有别的才能。比方说,他们认为你将来可以做医生,那么何不朝做医生的路上走呢?你如果"也"有文学天才,做了医生还可以做业余的作家。

○如果我不朝做医生的路上走,朝专业作家的路上走,那就只能做作家,不能做医生了?(□对啊。)可是我并没有进医学院的才能。长辈们说作家不好当,一定另有原因。

□或者,他们是希望你将来有很好的职业。

○不能以写作为职业?

□可以,但是这个职业并不好。

○第一?

□你想,你是在什么条件下常常去买书?物价稳定的时候,爸爸加薪的时候。如果家庭经济发生问题,买书的支出首先要从预算表上删除,除非是买教科书。由小喻大,作家和社会可以共安乐,难以共患难。如果你是医生,人人衣食足而后想长寿,共安乐没有问题;如果是传染病流行,大祸临头,人人更会抱住医生不放。

○第二?

□第二,如果你是工程师,你盖楼,人人承认你盖了楼,没人会说你挖了个坑。如果你是作家,你写了一部长篇小说,你自以为盖楼,可是别人也许认为你是挖坑。所以,工程师好做,作家难做。"不为尧存,不为桀亡"的,恐怕只有科学吧,文学多半是团团转的。

○有第三没有?

□有。假如人生像排队一样,有很多很多人排在作家前头。你有排队买电影票的经验,排在前面才买到好位子;你有排队吃自助餐的经验,排在前面才吃得到好菜。

○哦,是这样的……

□你在想什么?

○我在想第一第二第三,你这种布局安排。你看,我做了笔记:

文学的功用

（一）提供娱乐

（二）传递知识

1. 文化遗产的承受

2. 人情世态的了解

3. 生活境界的提高

（三）培养专长

□你以后写论说文，不妨先列这么一个大纲。

王鼎钧作品系列（第二辑）

开放的人生（人生四书之一）

本书讲做人的基本修养。如何做人？这个问题很"大"。本书用"小"来作答，如春风化雨，通过角度、布局、笔法各各不同的精彩短章，探悉人生的困惑，以细致入微的体察和智慧的省思，带给人开放、积极而平和的人生态度。

人生试金石（人生四书之二）

人生并不完全是一个"舒适圈"。由家庭到学校，再由学校到社会，成长要经历一个又一个挫折和失望。本书设想年轻人在逐渐长大以后，完全独立以前，有一段什么样的历程。对它了解越多，伤害就越小；得到的营养越丰富，你的精神就越壮大。

我们现代人（人生四书之三）

在传统淡出、现代降临之后，应该怎样适应新的环境和规则，怎样看待传统的缺陷？哪些要坚持？哪些要放弃？哪些要融合？现代人需要怎样的标准和条件，才能坚忍、快乐、充满信心地生活？作者将经验和思索加以过滤提炼，集成一本现代人的安身立命之书。

黑暗圣经（人生四书之四）

这是一本真正的悲悯之书——虚伪、狡诈、贪婪、残忍，以怨报德，人性之恶展现无遗，刺人心魄。但是，"当好人碰上坏人时，怎么办？"，这才是"人生第四书"的核心问题。它要人明了人之本性，懂得如何守住底线，趋吉避凶。而且断定，即便有文化的制约，道德也是永远不散的"筵席"。

作文七巧（作文四书之一）

世界上优秀的作品都需要性情和技术相辅相成，性情是不学而能的，是莫之而至的，人的天性和生活激荡自然产生作品的内容，技术部分则靠人力修为。——基于这样的认知，作者将直叙、倒叙、抒情、描写、归纳、演绎、综合汇成"作文七巧"，以具体实际的程序和方法，为习作者提供作文的捷径。

作文十九问（作文四书之二）

"作文一定要起承转合吗？""如何立意？""什么才是恰当的比喻？""怎样发现和运用材料？"……本书发掘十九个问题，以问答的形式，丰富的举例，解答学习作文的困惑。其中有方法和技巧，更有人生的经验和识见。

文学种子（作文四书之三）

如何领会文学创作要旨？本书从语言、字、句、语文功能、意象、题材来源、散文、小说、剧本、诗歌，以及人生与文学的关系等角度，条分缕析，精妙点明作家应有的素养和必备的技艺，迎接你由教室走向文坛。

讲理（作文四书之四）

本书给出议论文写作的关键步骤：建立是非论断的骨架——为论断找到有力的证据——配合启发思想的小故事、权威的话、诗句，必要的时候使用描写、比喻，偶尔用反问和感叹的语气等——使议论文写作有章可循，不啻为研习者的路标。而书中丰富的事例，也是台湾社会发展的一面镜子。

《古文观止》化读（之五）

作者化读《古文观止》经典名篇，首先把字义、句法、典故、写作者的知识背景、境况、写作缘由等解释清楚，使文言文的字面意思晓白无误，写作者的思想主旨凸显。在此基础上推进，分析文章的谋篇布局、修辞技巧、论证逻辑、风格气势等，使读者能对文章的优长从总体上加以把握、体会。最后再进一步，能以博学和自身的人生境界修为出入古人的精神世界，甚至与古人的心灵对话，此尤为其独到之处。